T0207809

essentials

Essentials liefern aktuelles Wissen in konzentrierter Form. Die Essenz dessen, worauf es als „State-of-the-Art" in der gegenwärtigen Fachdiskussion oder in der Praxis ankommt. Essentials informieren schnell, unkompliziert und verständlich

- als Einführung in ein aktuelles Thema aus Ihrem Fachgebiet
- als Einstieg in ein für Sie noch unbekanntes Themenfeld
- als Einblick, um zum Thema mitreden zu können

Die Bücher in elektronischer und gedruckter Form bringen das Expertenwissen von Springer-Fachautoren kompakt zur Darstellung. Sie sind besonders für die Nutzung als eBook auf Tablet-PCs, eBook-Readern und Smartphones geeignet.

Essentials: Wissensbausteine aus den Wirtschafts, Sozial- und Geisteswissenschaften, aus Technik und Naturwissenschaften sowie aus Medizin, Psychologie und Gesundheitsberufen. Von renommierten Autoren aller Springer-Verlagsmarken.

Simon Werther

Einführung in Feedbackinstrumente in Organisationen

Vom 360°-Feedback bis hin zur Mitarbeiterbefragung

Simon Werther
München
Deutschland

ISSN 2197-6708 ISSN 2197-6716 (electronic)
essentials
ISBN 978-3-658-10496-2 ISBN 978-3-658-10497-9 (eBook)
DOI 10.1007/978-3-658-10497-9

Die Deutsche Nationalbibliothek verzeichnet diese Publikation in der Deutschen Nationalbibliografie; detaillierte bibliografische Daten sind im Internet über http://dnb.d-nb.de abrufbar.

Springer

Gedruckt auf säurefreiem und chlorfrei gebleichtem Papier

Springer Fachmedien Wiesbaden ist Teil der Fachverlagsgruppe Springer Science+Business Media (www.springer.com)

Was Sie in diesem Essential finden können

- Übersichten und Informationen zu organisationalen Feedbackinstrumenten
- Theoretische Hintergründe zur Wirkungsweise von Feedback
- Handlungsimplikationen und Erfolgsfaktoren für den Einsatz von Führungskräftefeedback, 360°-Feedback, Teamdiagnosen und Mitarbeiterbefragungen
- Zukunftsszenarien für den Einsatz von Feedback in Organisationen

Vorwort

Sehr geehrte Leserinnen und Leser,

meiner praktischen und wissenschaftlichen Erfahrung nach ist Feedback einer der zentralen psychologischen Mechanismen, um Motivation, Zufriedenheit und damit letztlich auch die Leistung von Mitarbeitern mittel- bis langfristig positiv zu beeinflussen. Gleichzeitig ist es oftmals ein steiniger und langer Weg zum erfolgreichen Einsatz von Feedbackinstrumenten, da viele Hürden gemeistert werden müssen.

In diesem Essential gebe ich deshalb eine Einführung in Feedbackinstrumente in Organisationen. Dabei sind mir insbesondere eine theoretische Fundierung und praktische Anwendbarkeit wichtig, da ich seit vielen Jahren sowohl in der Wissenschaft als auch in der Praxis tätig bin. Feedbackinstrumente können letztlich auf den Ebenen der Personal-, der Team- und der Organisationsentwicklung eingesetzt werden und ich bin auch aufgrund empirischer Ergebnisse davon überzeugt, dass Organisationen bereits heute und umso mehr in Zukunft nur dann erfolgreich sein können, wenn sie eine lebendige und ehrliche Feedbackkultur gestalten.

An vielen Stellen beziehe ich mich dabei auch auf das umfangreiche Buch „Organisationsentwicklung – Freude am Change", das Christian Jacobs und ich verfasst haben. Darin werden Feedbackinstrumente noch detaillierter in den Kontext von Organisationsentwicklung einbettet. Letztlich ist eine Veränderung von Organisationen immer nur dann möglich, wenn Feedback berücksichtigt und tatsächlich gelebt wird. Dennoch ist bei den meisten aktuell in Organisationen verwendeten Verfahren und Instrumenten noch viel Verbesserungspotenzial vorhanden, worauf ich ebenfalls in diesem Essential eingehen werde.

Wir befinden uns momentan aus mehreren Gründen an einem Scheidepunkt: Gerade die gesellschaftlichen und technologischen Veränderungen in der Arbeitswelt führen dazu, dass die Komplexität immer stärker zunimmt. Umso wichtiger ist eine permanente Integration von Feedback in den Arbeitsalltag sowohl von

Führungskräften als auch von Mitarbeitern. Nur so können wir den wechselnden Rahmenbedingungen gerecht werden und nur so ist langfristiger Organisationserfolg gewährleistet.

Mein herzlicher Dank gilt meinem gesamten Team der HRinstruments GmbH, das mich in vielfältiger Weise bei diesem Essential unterstützt hat. Darüber hinaus bedanke ich mich bei unseren wissenschaftlichen Partnern für den intensiven und kritischen Austausch, der maßgeblich zur Entstehung dieses Essentials beigetragen hat. Mein besonderer Dank gilt außerdem den zahlreichen erfahrenen Kunden von HRinstruments, ohne deren Erfahrungen und Rückmeldungen dieses Essential in dieser Form nie umgesetzt worden wäre.

Ich wünsche Ihnen viel Freude und viele Erkenntnisse bei der Lektüre und freue mich jederzeit über Ihre Rückmeldung und über einen vertieften Austausch!

Simon Werther

Inhaltsverzeichnis

1 Einleitung

Feedbackinstrumente sind mächtige Methoden, um in Unternehmen die Perspektive der Mitarbeiter zu berücksichtigen und dadurch deren Zufriedenheit zu erhöhen. Das hängt insbesondere damit zusammen, dass Mitarbeiter Partizipation und Entwicklung explizit erwarten, sodass systematische Dialogformate unentbehrlich sind. In kleinen Unternehmen muss das selbstverständlich nicht befragungsbasiert erfolgen, doch ab 100 Mitarbeitern werden erfahrungsgemäß systematische Befragungen erforderlich, um der zunehmenden Komplexität in Verbindung mit der Mitarbeiteranzahl gerecht zu werden.

Als aktuelles Beispiel unterstreicht Abb. 1.1 die Bedeutung von Feedbackinstrumenten in Unternehmen: Deloitte hat 3300 Organisationen aus 106 Ländern befragt, um die Global Human Capital Trends 2015 zu identifizieren. Dabei wurden insbesondere Unternehmenskultur und Führung als Trendthemen identifiziert, die laut Aussage der befragten Unternehmensvertreter besondere Aufmerksamkeit benötigen. Überraschend ist dabei, dass insgesamt 86 % der befragten Unternehmen Führung als eine der wichtigsten aktuellen Herausforderungen benennen. Lediglich 10 % schätzen ihre Nachfolgeprogramme als hervorragend ein, was diesem Ergebnis zusätzliche Bedeutung zukommen lässt. Unternehmenskultur und Engagement sind der größte Trend in der aktuellen Befragung. Der Themenkomplex wird von 50 % der befragten Unternehmen als sehr wichtig eingeschätzt, im Gegensatz zu 25 % der Befragten im Vorjahr (Bersin et al. 2015).

Neben dieser aktuellen Studie ist auch die Veränderung der Positionierung von HR-Verantwortlichen in Unternehmen mitverantwortlich für die wachsende Bedeutung von Feedbackinstrumenten. In Abb. 1.2 werden unterschiedliche Rollen der Personalabteilung dargestellt. Die Rolle als Gestalter innerhalb des Unternehmens erfordert Kompetenz als Befugnis und Kompetenz als Befähigung. Doch erst dann können HR-Verantwortliche in Unternehmen tatkräftig die Zukunft der Organisation mitgestalten und prägen – und genau das sollte doch der Standpunkt einer

S. Werther, *Einführung in Feedbackinstrumente in Organisationen,* essentials,
DOI 10.1007/978-3-658-10497-9_1

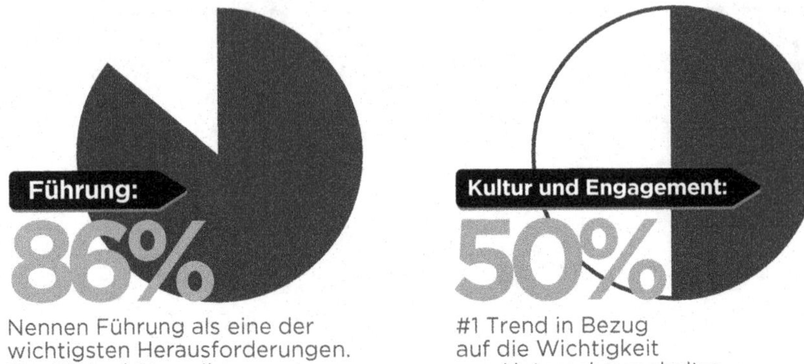

Führung:
86%
Nennen Führung als eine der wichtigsten Herausforderungen. Nur 10% schätzen ihre Nachfolgeprogramme als hervorragend ein.
Kultur und Engagement:
50%
#1 Trend in Bezug auf die Wichtigkeit von Unternehmenskultur. 50% schätzen es als sehr wichtig ein, doppelt soviele wie letztes Jahr.

Abb. 1.1 Führung und der Unternehmenskultur als Trendthemen in einer aktuellen Studie (Bersin et al. 2015)

modernen Personalabteilung sein. Kennzahlen und Steuerungsinstrumente spielen bei der strategischen und zielgerichteten Gestaltung selbstverständlich eine maßgebliche Rolle, sodass Feedbackinstrumente und die daraus resultieren Ergebnisse und Folgeprozesse nicht aus dem Alltag eines HR-Verantwortlichen wegzudenken sind, der sich als Gestalter innerhalb des Unternehmens definiert.

Die Bedeutung für befragungsbasierte Feedbackinstrumente nimmt auch aufgrund der folgenden gesellschaftlichen, wirtschaftlichen und technologischen Trends zu:

- Auf der wirtschaftlichen Seite führt die Globalisierung und die damit einhergehende Verteilung von Mitarbeitern über unterschiedliche Kontinente und Zeitzonen dazu, dass die Führung von Mitarbeitern sehr an Komplexität gewinnt (Werther und Jacobs 2014). Es wird dadurch aufwändiger und schwieriger, nah an den Mitarbeitern zu bleiben, sodass regelmäßige Rückkopplungen umso wichtiger werden.
- Auf der soziokulturellen Seite zeigen die gesellschaftlichen Veränderungen in Hinblick auf die Generation Y und Z, dass sich die Erwartungshaltung der Mitarbeiter grundlegend verändert (Parment 2013). Es geht nicht mehr nur um einen Job, der einem den Lebensunterhalt sichert, sondern es geht auch um Selbstverwirklichung, um Sinnhaftigkeit und um Mitbestimmung. Feedbackinstrumente können hier zentrale Bedürfnisse jüngerer Generationen befriedigen, wenn sie ernsthaft und professionell eingesetzt werden.

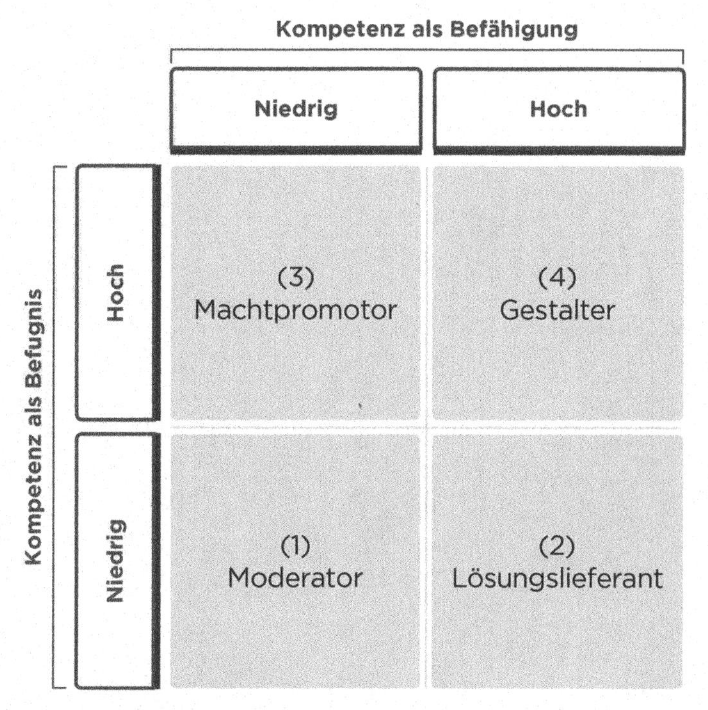

Abb. 1.2 Unterschiedliche Rollen der Personalabteilung in einer HR-Kompetenz-Matrix (Scholz und Sattelberger 2012, S. 33)

- Außerdem führt der demografische Wandel dazu, dass sich die Mitarbeiterstrukturen unternehmensintern grundlegend verändern und die verfügbaren Arbeitnehmer deutlich zurückgehen (Rohrschneider et al. 2010).
- Die Digitalisierung eröffnet befragungsbasierten Feedbackinstrumente ganz neue Anwendungsmöglichkeiten, da die Durchführung von Befragungen selbstgesteuert durch die Unternehmen mit automatisierten und damit tagesaktuellen Auswertungen problemlos realisierbar ist. Somit können bei geringen Kosten Echtzeitdaten über das Unternehmen erhoben und bei strategischen und operativen Entscheidungen berücksichtigt werden.

Auf den folgenden Seiten möchten wir Ihnen im ersten Schritt einen kurzen Überblick über die Wirkungsweise von Feedback geben. Danach stellen wir unterschiedliche Feedbackinstrumente in Unternehmen vor, um anschließend den Nutzen für Unternehmen herauszuarbeiten. Konkrete Hinweise und Anleitungen zum Einsatz von Feedbackinstrumenten folgen im nächsten Schritt. Schließlich werden wir ein Szenario mit Feedbackinstrumenten der Zukunft skizzieren, um eine visionäre aber durchaus realistische Zukunftsperspektive darzustellen.

2 Wirkungsweise von Feedback

An dieser Stelle möchten wir lediglich auf eine kleine Auswahl an zentralen Theorien eingehen, wie Feedback aus psychologischer Perspektive seine Wirkung entfaltet. Detailliertere Grundlagen zur Veränderung und Entwicklung von Organisationen finden sich im Buch „Organisationsentwicklung – Freude am Change" (Werther und Jacobs 2014). Darin wird auf unterschiedliche inhaltliche Theorien zu Veränderungsprozessen eingegangen, beispielsweise auf die lernende Organisation nach Peter Senge (1996), auf Präsenz nach John P. Kotter (2009) und auf die Theory U von C. Otto Scharmer (2009).

Bei der Betrachtung der Wirkungsweise von Feedback ist auch die Untersuchung der psychologischen Grundlagen zu Feedback wichtig. So kann die Funktion von Feedback nach Jöns (2005) nach Zielgruppen unterschieden werden, wie in Abb. 2.1 dargestellt ist. Für den Feedbackgeber kann Feedback somit den Ausdruck von persönlichen Gefühlen ermöglichen. Genauso sind die Beeinflussung des Feedbackempfängers sowie die Schaffung von Verständnis für eigene Reaktionen denkbar. Im Gegensatz dazu erhält der Feedbackempfänger Informationen über die Fremdwahrnehmung des eigenen Verhaltens. Diese liefern ihm Anhaltspunkte zur Steuerung und Änderung des eigenen Verhaltens. Für die Dyade oder Gruppe, d. h. für alle am Feedbackprozess beteiligten Personen, kann die Offenlegung von Wirkungen und Strukturen erreicht werden. Darüber hinaus wird auch der Gruppenprozess – zumindest in Teilen – sichtbar gemacht und damit offengelegt. Auf diesem Weg erhält die Dyade oder die Gruppe wertvolle Ansatzpunkte zur Lösung von Problemen und Konflikten und auch zur allgemeinen Verbesserung und Optimierung der Beziehung und der Zusammenarbeit.

S. Werther, *Einführung in Feedbackinstrumente in Organisationen,* essentials,
DOI 10.1007/978-3-658-10497-9_2

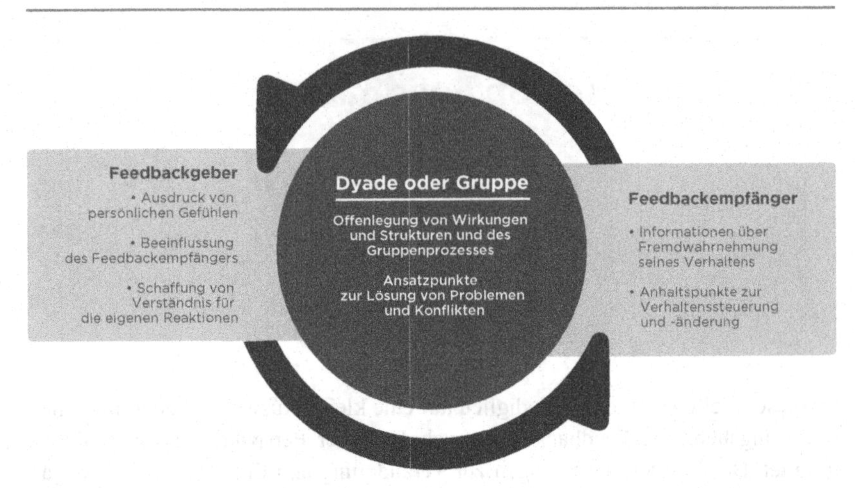

Abb. 2.1 Unterschiedliche Zielgruppen und Funktionen von Feedback (Jöns 2005)

Bei Feedbackprozessen spielen auch sozialpsychologische Selbsttheorien eine große Rolle, die beispielsweise die Entwicklung des Selbstwertgefühls durch Fremdeinschätzungen und die Aufrechterhaltung eines kongruenten und gleichzeitig positiven Selbstbilds thematisieren (Goffmann 1959; Festinger 1954). Demnach ist ein Abgleich der eigenen Wahrnehmung mit meiner Umwelt und den zur Verfügung stehenden Fremdbeurteilungen ein permanenter Prozess innerhalb jedes Menschen. Im beruflichen Kontext lässt sich dieser Prozess mit Feedbackinstrumenten folglich systematisieren und bewusster steuern.

2.1 Feedback und blinde Flecken

Letztlich wirkt Feedback vor allem deshalb, weil blinde Flecken des Mitarbeiters, der Führungskraft, der Abteilung oder der Organisation identifiziert und damit sichtbar gemacht werden. Doch auch bei eigentlich bekannten Thematiken bieten die Ergebnisse von befragungsbasierten Feedbackinstrumenten eine nachhaltige Diskussionsgrundlage, die Schwarz auf Weiß schwerer verleugnet werden können, als es bei lediglich verbaler Rückmeldung möglich wäre.

In Abb. 2.2 werden diese blinden Flecken anhand des Johari-Fensters visualisiert. Demnach besitzt jeder von uns blinde Flecken, die einem selbst unbekannt sind, die aber anderen Personen an einem auffallen. Durch die Fremdwahrnehmung und das daraus resultierende Feedback können diese blinden Flecken rückgemeldet werden, sodass ein Ausgangspunkt für Veränderung geschaffen wird.

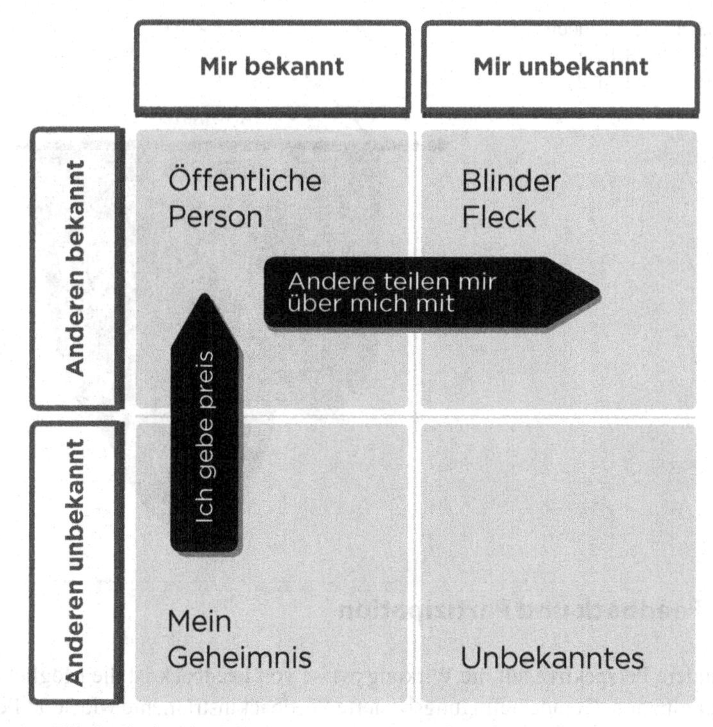

Abb. 2.2 Blinde Flecken im Johari-Fenster nach J. Luft und H. Ingham (1955)

Das Eisberg-Modell von Edgar H. Schein in Abb. 2.3 geht in eine ähnliche Richtung, allerdings fokussiert es die kulturelle Perspektive. Unternehmenskultur kann dabei in Artefakte, Werte und grundlegende Annahmen unterschieden werden:

- Artefakte wie Kleidung und Grußformeln sind zwar sichtbar, doch können sie nicht eindeutig interpretiert oder entschlüsselt werden.
- Normen und Werte sind in den allermeisten Fällen nicht direkt sichtbar und können nur über sozialen Konsens überprüft werden, beispielsweise über Teamdiagnosen und Mitarbeiterbefragungen.
- Grundlegende Annahmen sind vollständig unsichtbar, da es hierbei um Menschenbilder, Verhaltensmodelle und andere grundsätzliche Annahmen des Zusammenlebens und der Weltanschauung geht.

Diese drei Ebenen werden im Eisberg-Modell visualisiert, sodass es bei Feedback nach diesem Modell letztlich immer um die Identifikation und das Sichtbarmachen von blinden Flecken auf der Team- oder Organisationsebene geht.

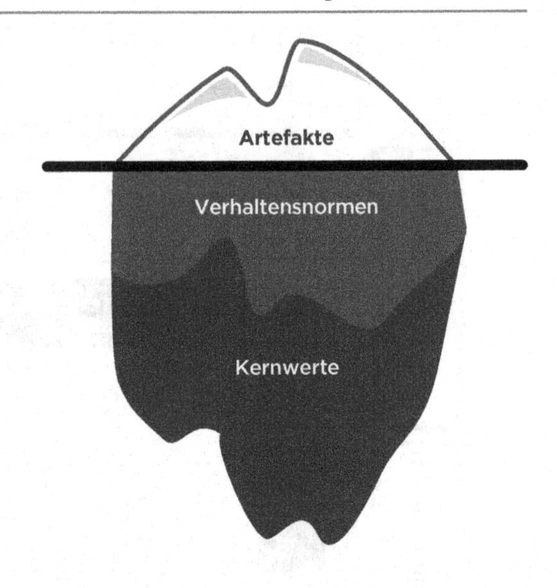

Abb. 2.3 Eisberg-Modell nach Edgar H., Schein (siehe Sackmann 2002)

2.2 Feedback und Partizipation

Eine andere Perspektive auf die Wirkungsweise von Feedback ist die Möglichkeit der Partizipation. Gerade befragungsbasierte Feedbackinstrumente wie 360°-Feedbacks, Teamdiagnosen und Mitarbeiterbefragungen bieten die Möglichkeit, dass eine große Anzahl von Mitarbeitern um ihre Meinung gefragt wird und somit Partizipation ermöglicht wird (Domsch und Ladwig 2006).

Allerdings spielen bei einer partizipativen Perspektive auf Feedback vor allem die Follow-up-Prozesse eine zentrale Rolle, da Feedbackinstrumente ansonsten zu Resignation bei den Mitarbeitern führen können (Bungard et al. 2007). Gerade die Rücklaufquote bei Mitarbeiterbefragungen ist ein guter Indikator diesbezüglich, da immer niedrigere Rücklaufquoten bei regelmäßig durchgeführten Mitarbeiterbefragungen ein Anzeichen für Resignation bei den Mitarbeitern ist. Wenn ich als Mitarbeiter jährlich an einer Mitarbeiterbefragung teilnehme und immer wieder das Gefühl habe, dass danach sowieso nichts passiert, dann ist eine gängige Reaktion der Boykott der nächsten Befragungen durch fehlende Teilnahme.

Letztlich spielt Partizipation auch deshalb eine immer größere Rolle, weil sich die Generation Y nicht als „Befehlsempfänger“ oder „Aufgabenausführer“ versteht. Partizipation muss demnach in Unternehmen tatsächlich gelebt werden, um diese Mitarbeiter langfristig an das Unternehmen zu binden und ihnen Sinn bei der Arbeit zu vermitteln. Dabei sind Feedbackinstrumente lediglich ein Ansatzpunkt, da letztlich eine Feedback- und Partizipationskultur gestaltet und gelebt werden muss.

Ein Modell der Entwicklung von Organisationen unter Berücksichtigung der Bedeutung der Partizipation ist die strategische und kulturelle Mobilisierung, wie sie in Abb. 2.4 dargestellt ist (Werther und Jacobs 2014). Dabei werden die Phasen Finden, Entscheiden, Formulieren, Kommunizieren, Umsetzen und Sichern unterschieden, wie in Tab. 2.1 dargestellt. Partizipation ist hier insofern wichtig, da die strategische Mobilisierung in Unternehmen nur dann erfolgreich sein kann, wenn die relevanten Stakeholder am Veränderungsprozess beteiligt werden. Insbesondere in den Phasen Finden und Sichern sind Feedbackinstrumente wie 360°-Feedback sowie Puls- und Mitarbeiterbefragungen unerlässlich.

Zusammenfassend lässt sich festhalten, dass Partizipation in Organisationen heutzutage nicht mehr wegzudenken ist. Dementsprechend ist Feedback für die

Abb. 2.4 Entwicklung von Organisationen durch die strategische Mobilisierung nach Werther und Jacobs (2014)

Tab. 2.1 Inhalte der Phasen der strategischen Mobilisierung (Werther und Jacobs 2014, S. 134–136)

Phase	Inhalt	Stakeholder	Methoden
Finden	In dieser Phase wird die Zukunft der Organisation gefunden bzw. erfunden. Dazu sind bei bestehenden Organisationen umfangreiche Markt-, Mitbewerber- und Kernkompetenzanalysen notwendig	Inhaber, Unternehmensleitung, Geschäftsführung, Zukunftsexperten	Appreciative Inquiry, Time Magazine, Stakeholderanalyse, Trendanalysen, Szenariotechniken, Konkurrenz- und Kundenanalysen, Theory U, Mitarbeiterbefragungen, etc.
	Leitfragen • Wie lautet unser gesellschaftlicher Auftrag, unsere Vision und unsere Mission? • Welche gesellschaftlichen und technischen Entwicklungen wird es geben, die unser Geschäft maßgeblich beeinflussen? • Welche Aufgaben bzw. Fragen leiten sich daraus für potentielle Kunden ab? • Wer sind unsere Mitbewerber und in welchem Markt sind diese tätig? • Welche Innovationen (z. B. bzgl. Struktur, Prozess, Produkt oder Dienstleistung) kennen wir schon, die wir selbst betreiben werden? • Wer oder was kann uns am stärksten am Erfolg hindern? • Welche Stärken besitzen wir, die wir nutzen und ausbauen werden?	Verantwortlich: Unternehmensleitung	
Entscheiden	In dieser Phase werden die Möglichkeiten der Gestaltung der Zukunft für die Organisation sehr kritisch geprüft	Inhaber, Unternehmensleitung, Geschäftsführung, Kunden, Lieferanten	7S, SWOT-Analyse, Inner Flow Management, etc.

Tab. 2.1 (Fortsetzung)

Phase	Inhalt	Stakeholder	Methoden
	Leitfragen • Welche Aufgaben bzw. Fragen welcher Kunden werden wir in Zukunft beantworten und lösen? • Welches Geschäftsmodell wird dann für uns das sinnvollste sein? • Wie sieht die damit zusammenhängende betriebswirtschaftliche Bewertung aus? • Welche Kernkompetenzen werden uns sicherlich nutzen? • Welche Risiken kennen wir jetzt schon, wie bewerten wir diese und wie werden wir damit umgehen? • Welche alternativen Szenarien könnten wir uns auch vorstellen, und warum entscheiden wir uns trotzdem für das oben genannte?	Verantwortlich: Unternehmensleitung	
Formulieren	In dieser Phase geht es um die Beschreibung eines Raumes aus den Möglichkeiten der Zukunft. Dieser Raum soll für die Mehrzahl der relevanten Stakeholder eine hohe Attraktivität besitzen Leitfragen • Was sind die strategischen Kernaussagen (bzgl. Markt, Produkte und Dienstleistungen, Qualität, etc.)? • Was ist unser kulturelles Leitbild und welches Menschenbild geht damit einher? • Was sind unsere Unternehmensziele und Leitplanken für anstehende Entscheidungen? • Was sind unsere (impliziten) Erfolgsmodelle; oder warum glauben wir an unseren Erfolg?	Unternehmensleitung, Geschäftsführung, Keyplayer, Kommunikation Verantwortlich: Unternehmensleitung und Geschäftsführung	Visionsarbeit, Kulturanalyse, Storytelling, etc.

Tab. 2.1 (Fortsetzung)

Phase	Inhalt	Stakeholder	Methoden
Kommunizieren	In dieser Phase wird die Geschichte kreiert, die alle Stakeholder bestmöglich motivieren und antreiben soll Leitfragen • Was wollen wir an wen in welchem Rhythmus mit welchem Medium mitteilen? • Wollen wir einen Dialog zur Strategie initiieren? • Wie organisieren wir die zukünftige Kommunikation um die Strategie?	Unternehmensleitung, Geschäftsführung, Keyplayer, Kommunikation Verantwortlich: Geschäftsführung, Kommunikation	Storytelling, Tools der Kommunikation, moderne Formate (z. B. Videos, Blogs) etc.
Umsetzen	In dieser Phase geht es um die konkrete Umsetzung der erarbeiteten strategischen Elemente aus den vorherigen Phasen Leitfragen: • Welche Konkretisierungen der Strategie werden wir jetzt vornehmen (z. B. Bereichs-, Funktions- oder Prozessstrategien)? • Wie wird unsere Aufbau- und Ablauforganisation aussehen? • Welche Ziele haben wir in welchem zeitlichen Horizont? • Welche Aufgaben (Projekte) leiten sich mit welchen Maßnahmen aus den Zielen ab? • Was werden wir für die Organisationskultur machen? • Was müssen welche Menschen in der Organisation können und lernen? • Wo brauchen wir neue Mitarbeiter?	Unternehmensleitung, Geschäftsführung, Führungskräfte, Mitarbeiter, Betriebsrat, Kunden, Lieferanten, Öffentlichkeit (z. B. Presse und Verbände) Verantwortlich: Geschäftsführung, Führungskräfte, Mitarbeiter Schlüsselrollen: Führungskräfte, HR, Kommunikation, Betriebsrat	„Das Unmögliche", Kongress der Projekte, Schlachtfest, Roadmaps, Zielvereinbarungen, Projektmanagement, Aufgaben- und Maßnahmenpläne, Tools des Change Managements, etc.

Tab. 2.1 (Fortsetzung)

Phase	Inhalt	Stakeholder	Methoden
	• Welche Stakeholder außerhalb des Unternehmens müssen bzw. wollen wir wie in die Umsetzung einbinden? • Was müssen wir abschaffen, weil es nicht zur Zukunft gehört? • Wie gehen wir mit Befürchtungen und Widerständen im weiteren Prozess der strategischen Mobilisierung um?		
Sichern	In dieser Phase geht es um die Sicherung der laufenden strategischen Mobilisierung. Dabei muss die Sicherung bzgl. Maßnahmen, Planungen und Strategien erfolgen Leitfragen • Mit welchen Controlling- und Monitoring-Mechanismen werden wir arbeiten? • Wie werden wir diesbezüglich sehr transparent sein? • Wie sorgen wir dafür, dass den Handelnden immer die hilfreichen und richtigen Informationen vorliegen? • Welche Gremien brauchen wir dafür mit welchen Aufgaben? • Wie sichern wir unsere Lernerfahrungen und machen Wissen daraus? • Wie bleiben wir in diesem laufenden Prozess ständig mit der Zukunft und der Gesellschaft in Kontakt?	Inhaber, Unternehmensleitung, Geschäftsführung, Führungskräfte, Mitarbeiter Verantwortlich: Unternehmensleitung	Ethnologische Expedition, Kehraustag, „Nutze den Tag", Kennzahlenanalysen, Balanced Scorecard, Beyond Budgeting, Kulturanalysen, Survey Feedback (z. B. 360° Feedbacks, Mitarbeiterbefragungen) etc.

Umsetzung von Partizipation zwingend erforderlich, da es ansonsten eine Worthülse bleibt, die für die Mitarbeiter nicht wirklich erlebbar ist.

2.3 Feedback und Leistung

Letztlich ist die Zielsetzung von Feedback im Unternehmenskontext immer auch die Erhöhung der Leistung und/oder der Motivation der Feedbackempfänger. Eine interessante Metaanalyse (d. h. eine Auswertung zahlreicher unterschiedlicher Originalstudien auf einer höheren Ebene) unterstützt diese Zielsetzung: Der Einsatz von Feedbackinstrumenten erhöht die Leistung. Allerdings ist die Bandbreite der Ergebnisse sehr groß, da beispielsweise in einem Drittel der Fälle auch eine Verringerung der Leistung auftritt. Feedback führt somit nicht automatisch zu mehr Leistung, sondern der Prozess und die Rahmenbedingungen sind dabei von essentieller Bedeutung.

Bei Feedbackinstrumenten sollten allgemein folgende Prämissen zutreffend sein, um sie sinnvoll und zielführend in Unternehmen einzusetzen (Gerpott 2006; Bungard 2005): Der Abgleich von Selbst- und Fremdbild sowie die Kenntnis des individuellen Stärken-Schwächen-Profils und darin enthaltene Abweichungen führen zu einer positiven Veränderung der (Leistungs-) Motivation und des Leistungsverhaltens. Relevant für die positive Wirkung von Feedback sind folgende Punkte:

- Feedbackinhalte, z. B. Konsistenz über unterschiedliche Feedbackgeber hinweg
- Glaubwürdigkeit des Feedbackgebers, insbesondere aus der Perspektive des Feedbackempfängers
- Merkmale des Feedbackempfängers, z. B. Persönlichkeit, Berufserfahrung und Vorerfahrungen mit Feedback
- Spezifität des Feedbacks, d. h. Bezug zu konkreten Beispielen
- Fairness des Feedbackinstruments und damit zusammenhängende Schwachpunkte
- Fokussierung auf Prozess- anstatt auf Ergebnisfeedback
- Betonung von positivem Feedback, ohne negatives Feedback als Entwicklungspotenziale auszuklammern
- Direktes Feedback ohne Vermittlung durch dritte Personen
- Partizipation der Betroffenen, insbesondere bei der erstmaligen Einführung und laufenden Anpassung von Feedbacksystemen
- Zeitliche Dimension, d. h. regelmäßige Durchführung um Bezugspunkte zu ermöglichen und Zeitvergleiche zu erleichtern

- Schnelligkeit des Feedbacks, insbesondere ein möglichst zeitnaher Bezug auf den Abstand zwischen Sachverhalt und darauf bezogenem Feedback

Dementsprechend sind Feedbackinstrumente alles andere als Selbstläufer, die automatisch zu einer höheren Arbeitsleistung der Mitarbeiter und Führungskräfte führen. Die Einführung und Konzeption von Feedbackinstrumenten will allerdings wohlüberlegt sein und muss unbedingt professionell begleitet werden, um mögliche negative Konsequenzen von vornherein zu vermeiden. Darüber hinaus nehmen die Folgeprozesse einen besonderen Stellenwert ein, worauf wir an einer späteren Stelle eingehen werden.

Feedbackinstrumente in Unternehmen

3

In diesem Abschnitt möchten wir uns Feedbackinstrumenten in Unternehmen widmen. Unter befragungsbasierten Feedbackinstrumenten verstehen wir Instrumente des Survey Feedbacks, d. h. beispielsweise Feedback für Führungskräfte, 360°-Feedbacks, Teamdiagnosen, Pulsbefragungen und Mitarbeiterbefragungen. Selbstverständlich sind auch Mitarbeiter- und Feedbackgespräche sowie Rückmeldeworkshops nicht zu vernachlässigen, da sie ergänzend zu befragungsbasierten Feedbackinstrumenten zwingend notwendig sind. Gerade auf die Bedeutung und Gestaltung von Follow-up-Prozessen gehen wir in einem späteren Abschnitt ein.

Es existieren unterschiedliche Zahlen darüber, in wie vielen Unternehmen befragungsbasierte Feedbackinstrumente regelmäßig eingesetzt werden. Eine Studie unter 249 der größten Unternehmen in Deutschland, Österreich und der Schweiz zeigt die in Abb. 3.1 dargestellten Ergebnisse: Insgesamt 80 % haben bereits einmal eine Mitarbeiterbefragung durchgeführt und 64 % der Unternehmen führen regelmäßig Mitarbeiterbefragungen durch. Zu Führungskräftefeedback, 360°-Feedback und Teamdiagnosen liegen uns keine Zahlen vor, so dass letztlich davon ausgegangen werden kann, dass in 60–80 % aller Unternehmen Erfahrungen mit befragungsbasierten Feedbackinstrumenten vorliegen und dass diese häufig kontinuierlich zum Einsatz kommen.

Wir sind davon überzeugt, dass zukunftsfähige mittlere bis große Unternehmen aufgrund der in der Einleitung erwähnten Trends bald nicht mehr ohne Feedbackinstrumente langfristig überleben können. Insofern gehen wir davon aus, dass die Verbreitung von einer regelmäßigen Durchführung befragungsbasierter Feedbackinstrumente in Zukunft stark zunehmen wird. Damit meinen wir nicht eine Mitarbeiterbefragung oder ein 360°-Feedback für Führungskräfte alle zwei Jahre, sondern eine kontinuierliche Integration der Feedbackinstrumente in den Arbeitsalltag aller Mitarbeiter.

S. Werther, *Einführung in Feedbackinstrumente in Organisationen*, essentials,
DOI 10.1007/978-3-658-10497-9_3

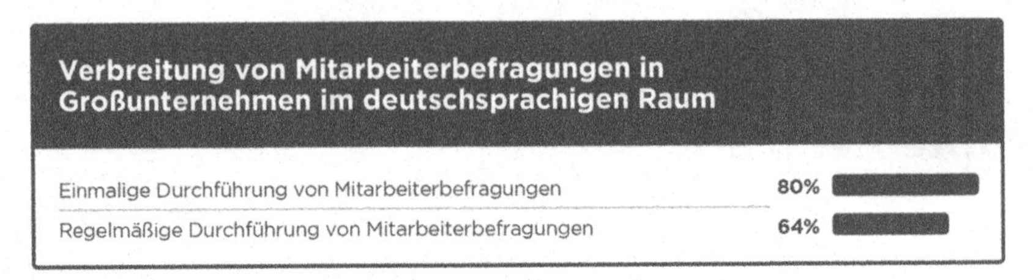

Abb. 3.1 Verbreitung von Mitarbeiterbefragungen

In Tab. 3.1 sind unterschiedliche Ebenen von Feedbackinstrumenten dargestellt. Die Unterscheidung in Individuum, Team/Abteilung und Organisation ist hier sinnvoll. Folglich können Feedbackinstrumente entweder das Individuum, d. h. einen Mitarbeiter oder eine Führungskraft, ein Team oder eine Abteilung oder die gesamte Organisation betreffen. Die Feedbackempfänger wären analog Individuen, Teams/Abteilungen oder die gesamte Organisation. Bei einer tatsächlich gelebten oder anzustrebenden Feedbackkultur sollten Feedbackinstrumente auf allen Ebenen eingesetzt werden, darauf gehen wir an einer späteren Stelle detaillierter ein.

Darüber hinaus kann wie in Tab. 3.2 aufgeführt zwischen verschiedenen Zielsetzungen für die Durchführung von Feedbackinstrumenten unterschieden werden. Diese Zielsetzungen gelten jeweils für alle Ebenen, d. h. sie können für Mitarbeiter und Führungskräfte, für Teams und Abteilungen sowie für die gesamte Organisation verfolgt werden. Die Konzeption und Umsetzung von Feedbackinstrumenten mit der Zielsetzung der Entwicklung und Veränderung muss dabei anders ablaufen als für Messung und Monitoring oder Entscheidung und Bewertung. Gleichzeitig sind Kombinationen möglich, gerade auch um ökonomische und zeitliche Synergien zu nutzen, beispielsweise bei der Aggregation der Ergebnisse von 360°-Feedbacks auf die Bereichs- und Organisationsebene, sodass sowohl Entwicklung/Veränderung als auch Messung/Monitoring mit lediglich einem Feedbackinstrument erreicht werden. Somit können Unternehmen mit einem Instrument wie dem 360°-Feedback oder einer regelmäßigen Mitarbeiterbefragung umfassende Synergien nutzen, um gleichzeitig verschiedene Zielsetzungen zu erreichen.

Tab. 3.1 Ebenen von Feedbackinstrumenten

Individuum	Team/Abteilung	Organisation
360°-Feedback für Mitarbeiter und Führungskräfte, Feedback für Führungskräfte, Potenzialanalysen	Teamfeedback und Teamdiagnose	Pulsbefragungen, Change Monitoring, Mitarbeiterbefragungen

Tab. 3.2 Zielsetzungen für die Durchführung von Feedbackinstrumenten

Zielsetzung	Mögliche Instrumente	Beispiele	Implikationen	Erfolgskriterium
Entwicklung und Veränderung	360°-Feedback, Teamfeedback, Mitarbeiterbefragung als Klimabefragung mit Rückspiegelung	Impulse für die Weiterentwicklung als Führungskraft, Reflexion der Zusammenarbeit innerhalb einer Abteilung	Follow-up-Prozesse sehr wichtig, da erst dadurch Entwicklung und Veränderung möglich wird	Tatsächliche Veränderung des Verhaltens auf der Ebene Individuum, Team oder Organisation; Überprüfung per Zeitvergleich möglich
Messung und Monitoring	Kontinuierlich eingesetztes Führungskräftefeedback, Teamdiagnosen, Change Monitoring, Mitarbeiterbefragung als Benchmarkingumfrage	Echtzeitdaten über die Stimmung an verschiedenen Standorten während einer Umstrukturierung, Benchmarking der eigenen Kennzahlen mit besonders erfolgreichen Unternehmen	Feedbackcockpit mit Echtzeitdaten wichtig, um laufendes Monitoring zu unterstützen	Permanente Rückkopplung und kontinuierliche Veränderung
Entscheidung und Bewertung	Vorgesetztenbeurteilung, Potenzialanalysen, Pulsbefragungen, systemische Mitarbeiterbefragungen	Identifikation von Nachwuchsführungskräften, Beurteilung des Kooperationsverhaltens von Führungskräften	Rankings und Vergleiche sehr wichtig, um Entscheidungen und Bewertungen davon abzuleiten	Langfristiger Erfolg und Wirtschaftlichkeit

Egal mit welcher Zielsetzung der Einsatz erfolgt, letztlich geht es bei Feedbackinstrumenten aus organisationaler Perspektive immer um Steuerungsinstrumente. Auf der Individuumsebene soll das Verhalten von Mitarbeitern und Führungskräften gesteuert, verändert, optimiert oder bewertet werden. Auf der Team- oder Abteilungsebene sollen die Zusammenarbeit und das Verhalten von Teams und Abteilungen gesteuert, verändert, optimiert oder bewertet werden. Und genauso soll auf der Organisationsebene das Verhalten der gesamten Organisation gesteuert, verändert, optimiert oder bewertet werden. Dabei geht es auf allen Ebenen auch immer um Kulturveränderung, d. h. um die Etablierung und Verstärkung förderlicher Werte und damit zusammenhängender Verhaltensweisen. Im Gegensatz dazu zeigt Abb. 3.2 die individuelle Perspektive bei Feedbackinstrumenten, die vor allem eine Erweiterung der eigenen Wahrnehmung und ein Abgleich von Selbst- und Fremdbild ermöglicht.

Oftmals begegnet uns in der Praxis die Frage nach guten und „richtigen" Fragebögen, um möglichst aussagekräftige Ergebnisse zu erhalten. Natürlich müssen bei der Gestaltung der Fragebögen und bei der Formulierung der Fragen einige Grundregeln beachtet werden, aber gerade bei der Zielsetzung der Entwicklung und Veränderung geht es wenig um gute und „richtige" Fragebögen. Es geht vielmehr um einen Anstoß zur Reflexion und um die darauffolgende Diskussion von Veränderungsimpulsen, so dass die eigentlichen Fragen schnell in den Hintergrund rücken. Dennoch darf natürlich nicht vergessen werden, dass durch das bewusste Setzen von Themen auch Prioritäten innerhalb des Unternehmens kommuniziert werden, zum Beispiel mit einer Mitarbeiterbefragung mit dem thematischen Schwerpunkt „Gesundheit und Work Life Balance" oder mit einem 360°-Feedback mit dem thematischen Schwerpunkt „Kooperation zwischen Abteilungen".

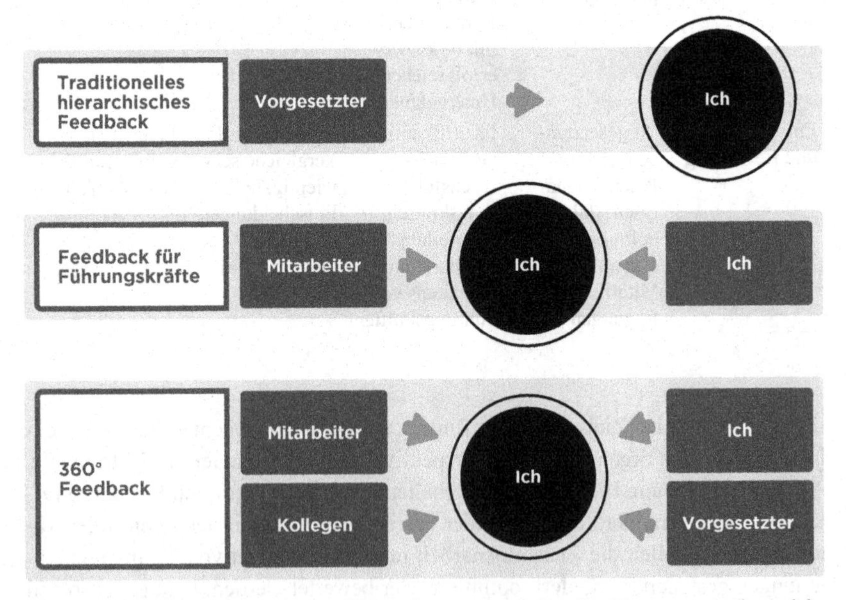

Abb. 3.2 Erweiterung der eigenen Wahrnehmung durch Feedbackinstrumente (in Anlehnung an Ewen und Edwards 2001)

Eine wichtige Unterscheidung muss noch zwischen qualitativen und quantitativen Verfahren getroffen werden (Bungard 2005). Unter qualitativen Verfahren werden offene Antwortformate verwendet, bei denen die Befragten direkt Text eingeben können. Im Gegensatz dazu handelt es sich bei geschlossenen Antwortformaten beispielsweise um Skalierungsfragen, bei denen alle Antworten konkret vorgegeben werden und lediglich das Ausmaß der Zustimmung frei wählbar ist (siehe Abb. 3.3). Das Entscheidungskriterium für eine Variante oder eine Kombination stellt letztlich der Kenntnisstand der untersuchten Thematik dar. Wenn ich wenig Kenntnis über das Thema habe, die Sprache meiner Befragten nicht kenne und somit keine schlüssigen und passenden Antworten vorgeben kann, dann machen qualitative und damit offene Antwortformate mehr Sinn. Allgemein ist in Organisationen aber ein Übergewicht an quantitativen und damit geschlossenen Antwortformaten festzustellen. Das hängt sicherlich auch damit zusammen, dass diese leichter und mit weniger zeitlichem und finanziellem Aufwand auswertbar und vergleichbar sind.

In den folgenden Abschnitten beschäftigen wir uns detaillierter mit Feedbackinstrumenten auf den Ebenen Führungskraft und Mitarbeiter (d. h. Feedback für Führungskräfte und 360° Feedback), Team und Abteilung (d. h. Teamfeedback und Teamdiagnose) sowie Organisation (d. h. Change Monitoring, Puls- und Mitarbeiterbefragungen).

Qualitative (offene) Fragen

Ich schlage folgende konkreten Maßnahmen zur Verbesserung unserer Innovationsfähigkeit vor:

Diese Punkte finde ich bereits sehr zielführend bezüglich unserer Innovationsfähigkeit:

Quantitative (geschlossene) Fragen

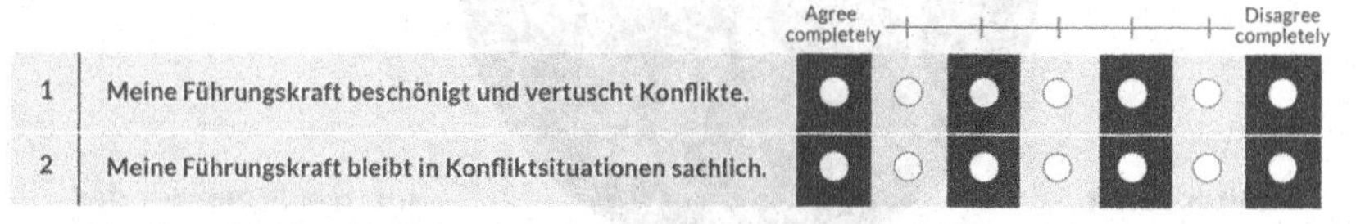

Abb. 3.3 Vergleich von qualitativen (offenen) und quantitativen (geschlossenen) Antwortformaten

3.1 Feedback für Führungskräfte und 360° Feedback

Wir beginnen mit der Ebene der Führungskraft und des Mitarbeiters, d. h. insbesondere mit Feedbackinstrumenten zur Personalentwicklung. Dabei ist aber wichtig zu beachten, dass über diese Interventionsebene automatisch auch die Kultur der Firma beeinflusst und damit entwickelt wird. Letztlich greifen Feedbackinstrumente unterschiedlicher Interventionsebenen also immer auf allen Ebenen, lediglich der primäre Fokus ist entsprechend verschoben.

Bei Führungskräftefeedbacks und auch bei 360° Feedback steht immer ein Feedbackempfänger im Mittelpunkt. Der Feedbackempfänger kann dabei sowohl ein Mitarbeiter als auch eine Führungskraft sein. Bei 360° Feedback ist darüber hinaus die multiperspektivische Einschätzung wichtig, d. h. unterschiedliche Feedbackquellen werden bei dem Feedback berücksichtigt. Typische Feedbackgruppen sind dabei wie in Abb. 3.4 dargestellt der Vorgesetzte des Feedbackempfängers, Kollegen, Mitarbeiter, abhängig von der Tätigkeit auch Kunden und Lieferanten (Scherm und Sarges 2002).

Sinnvoll ist somit auch die Unterscheidung zwischen vertikalem und horizontalem Feedback bei internen Feedbackquellen sinnvoll. Tabelle 3.3 zeigt die möglichen Varianten bei einem 360°-Feedback. Gerade die Mischung aus vertikalem und horizontalem Feedback macht 360°-Feedback so wertvoll, da die meisten Führungskräfte und Mitarbeiter üblicherweise nur von ihrem eigenen Vorgesetzten differenzierte Rückmeldung zum eigenen Verhalten erhalten.

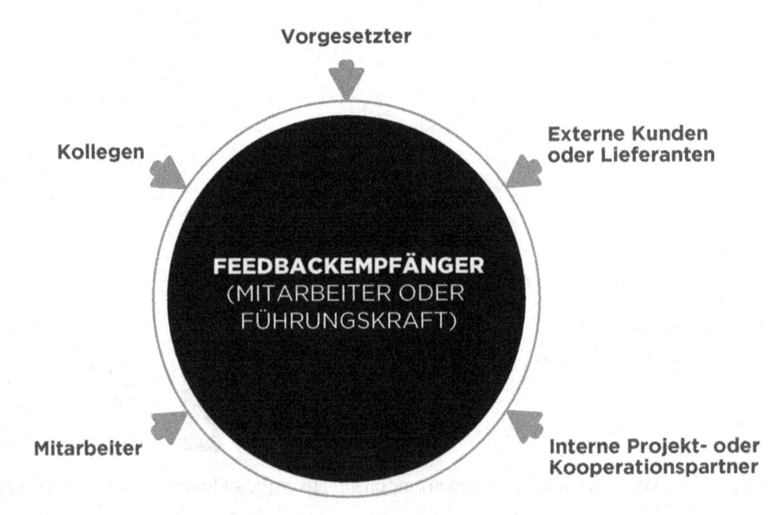

Abb. 3.4 Gängige Feedbackquellen bei 360° Feedback

Tab. 3.3 Differenzierung der unterschiedlichen Typen von Feedback abhängig von der Feedbackquelle und der damit zusammenhängenden Richtung

Feedbackquelle	Typ	Richtung
Vorgesetzter	Vertikales Feedback	Von oben
Kollegen	Horizontales Feedback	Von der Seite
Mitarbeiter	Vertikales Feedback	Von unten
Interne Projekt- oder Kooperationspartner	Horizontales Feedback	Von der Seite

Im Mittelpunkt von 360°-Feedback und analog von Feedback für Führungskräfte steht somit immer der Abgleich des eigenen Selbstbilds mit unterschiedlichen Fremdbildern. Wie bereits im vorherigen Kapitel dargestellt, werden darüber motivations- und leistungssteigernde Prozesse ermöglicht, die somit die individuelle Entwicklung des jeweiligen Feedbackempfängers unterstützen.

Bei allen Varianten des Feedbacks kann zwischen verschiedenen Urteilsdifferenzen unterschieden werden. Diese spielen insbesondere für die Folgeprozesse und für die langfristige Entwicklung des Feedbackempfängers eine große Rolle (siehe Tab. 3.4). Bei den Typenkategorien Über- und Unterschätzer können unterschiedliche Mechanismen zu den Urteilsdifferenzen führen, beispielsweise verzerrte Selbstwahrnehmungen oder auch Versuche der Selbstinszenierung.

Die inhaltlichen Dimensionen von Feedback für Führungskräfte und 360°-Feedback können sehr unterschiedlich sein, da sie vom Einsatzszenario, der Zielsetzung und dem Reifegrad und der Feedbackkultur der Organisation abhängen. In Tab. 3.5 ist eine exemplarische Übersicht über mögliche inhaltliche Dimensionen und zugehörige Beispielfragen aufgeführt, wie sie häufig eingesetzt werden.

Tab. 3.4 Urteilsdifferenzen bei Feedbackinstrumenten

Typ	Beschreibung
Realist	Der Feedbackempfänger schätzt sich realistisch in Übereinstimmung mit seinen Feedbackgebern ein
Überschätzer	Der Feedbackempfänger überschätzt seine Kompetenzen und seine positiven Verhaltensmerkmale im Vergleich mit seinen Feedbackgebern
Unterschätzer	Der Feedbackempfänger unterschätzt sine Kompetenzen und seine positiven Verhaltensmerkmale im Vergleich mit seinen Feedbackgebern

Tab. 3.5 Inhaltliche Dimensionen und Beispielfragen von Führungskräftefeedback und 360°-Feedback

Inhaltliche Dimension	Beispielfrage
Beziehungskompetenz	Meine Führungskraft behandelt mich mit Respekt
	Ich empfinde meine Führungskraft als freundlich
	Ich fühle mich von meiner Führungskraft bei persönlichen Anliegen ernst genommen
Entwicklung	Meine Führungskraft zeigt mir meine Entwicklungsmöglichkeiten auf
	Meine Führungskraft hilft mir, meine Stärken auszubauen
	Meine Führungskraft hilft mir, meine Schwächen zu erkennen um mich dadurch weiterzuentwickeln
Planungskompetenz	Meine Führungskraft sorgt für klare Abläufe
	Meine Führungskraft erklärt eindeutig, wer für was zuständig ist
	Meine Führungskraft setzt Mitarbeiter entsprechend ihrer Stärken ein
Motivation	Das Verhalten meiner Führungskraft fördert meine Einsatzbereitschaft
	Meine Führungskraft motiviert Mitarbeiter auch in unangenehmen Situationen
	Meine Führungskraft regt mich an, Neues auszuprobieren

3.2 Teamfeedback und Teamdiagnose

Teamfeedback und Teamdiagnosen sind gängige Instrumente der Teamentwicklung, um die Zusammenarbeit innerhalb von Teams positiver und zielführender zu gestalten. Dabei zeigt sich in der Praxis, dass oftmals lediglich unsystematische Kurzinterviews mit einzelnen Teammitgliedern oder selbst entwickelte Kurzfragebögen eingesetzt werden. Eine systematischere und damit auch aussagekräftigere Herangehensweise an Teamfeedback stellen dagegen prozess- und strukturanalytische Verfahren dar.

In Tab. 3.6 sind Charakteristika sowie Vor- und Nachteile von prozess- und strukturanalytischen Verfahren gegenübergestellt. Unter prozessanalytischen Verfahren können alle Verfahren verstanden werden, die durch Beobachtung eines Experten eine Annäherung an die mehr oder weniger objektive Realität innerhalb eines Teams zu erreichen versuchen. Konkret bedeutet das, dass beispielsweise Interaktionsprozesse innerhalb eines Teams von einem Experten beobach-

Tab. 3.6 Vergleich von prozess- und strukturanalytischen Verfahren (Kauffeld 2005, S. 149)

	Prozessanalytische Verfahren	Strukturanalytische Verfahren
Fokus	Objektive Realität	Subjektive Wahrnehmung der Gruppenmitglieder
Methodik	Verhaltensbeobachtung	Fragebogen
Vorteile	Hoher Informationswert Detailgenauigkeit Adäquate Abbildung komplexer Phänomene Keine bzw. geringe Reaktivität Erfassung von Gruppenstrukturen über Datenaggregation	Hohe Standardisierung Geringer Zeitaufwand Geringer Bedarf an Ressourcen Einfacher Einsatz bei Langzeituntersuchungen Subjektive Einschätzungen (Ärger etc.)
Nachteile	Geringe Standardisierung Hoher Zeitaufwand Hoher Bedarf an Ressourcen Kodiertraining erforderlich „Schluck"-Effekt	Grobes Bild Hohe Reaktivität bei wiederholtem Einsatz Erinnerungseffekte – besonders bei kurzen Abständen zwischen den Einsätzen Keine Information über Mikro-Prozesse

tet und kodiert werden, um aus mehreren Beobachtungssequenzen Rückschlüsse über die Situation innerhalb des Teams zu ziehen. Im Gegensatz dazu stehen strukturanalytische Verfahren, die vor allem fragebogenbasiert und anhand der Einschätzungen der Teammitglieder einen Rückschluss auf die Situation innerhalb des Teams ermöglichen.

Wir beschränken uns aus den folgenden Gründen in der weiteren Ausführung auf strukturanalytische Verfahren:

- Aus Kostengründen und aufgrund von Budgetbeschränkungen ist der Einsatz von prozessanalytischen Verfahren oftmals unrealistisch.
- Der langfristige Einsatz von prozessanalytischen Verfahren ist selten möglich, so dass schwer Zeitvergleiche umsetzbar sind.
- Die Akzeptanz von fragebogenbasierten Feedbackinstrumenten nimmt immer mehr zu, so dass der Einsatz von strukturanalytischen Verfahren ohne große Vorbereitung des jeweiligen Teams problemlos möglich ist.
- Die Detailgenauigkeit von prozessanalytischen Verfahren ist oftmals nicht erforderlich, um Veränderung in Teams zu ermöglichen, da die Teamdiagnose lediglich den Ausgangspunkt für die weiteren Folgeprozesse darstellt.

Diese Argumente bedeuten nicht, dass der Einsatz von prozessanalytischen Verfahren grundsätzlich zu vermeiden ist. Unserer Erfahrung nach ist in den allermeisten Fällen in der Praxis aber ein sehr gutes Ergebnis mit strukturanalytischen Verfahren zu erreichen, sodass wir auch aus Platzgründen den weiteren Fokus darauf legen werden.

Innerhalb der strukturanalytischen Verfahren kann zwischen verschiedenen Ansätzen unterschieden werden. Empfehlenswert sind hier insbesondere verhaltensnahe Fragebögen, die konkrete Anhaltspunkte für die Zusammenarbeit im Team und für darauf aufbauende Prozesse der Teamentwicklung geben. Abstrakte Formulierungen und Fragebögen erschweren konkrete Diskussionen und tatsächliche Folgeprozesse im Anschluss an die Diagnosephase.

Wichtig ist darüber hinaus, dass Teamfeedbacks entweder auf einer Kultur der persönlichen Wertschätzung aufbauen oder diese explizit als Ziel anstreben (Scherm und Sarges 2002). Das lässt sich von Empfehlungen für den Einsatz von Feedback für Führungskräfte und 360°-Feedback ableiten. Fairness spielt hier eine große Rolle, worauf wir an späterer Stelle beim Einsatz von Feedbackinstrumenten eingehen werden. Oftmals werden in der Praxis von Teammitgliedern genauso wie von Führungskräften bei Feedback für Führungskräfte Argumente geäußert, dass schließlich ein offener Kommunikationsstil angestrebt wird und deshalb kein anonymes Teamfeedback notwendig ist. Allerdings zeigt die Erfahrung, dass gerade professionell begleitete Feedbackprozesse mit Follow-up-Workshops tatsächlich maßgeblich zu einer Kultur der persönlichen Wertschätzung beitragen können. Gerade aufgrund hohen Zeitdrucks wird oftmals kein zeitnahes differenziertes Feedback im Arbeitsalltag gegeben, sodass anonymisierte standardisierte Feedbackprozesse sowohl für Personal- als auch für Teamentwicklung unentbehrlich sind.

In Tab. 3.7 sind mögliche inhaltliche Dimensionen mit zugehörigen Beispielfragen für befragungsbasierte Teamfeedbacks aufgeführt. Daran wird deutlich, dass die Fragen sehr konkret und sehr verhaltensnah formuliert sein müssen, um eine hilfreiche Grundlage für den weiteren Entwicklungsprozess darzustellen. Gerade neue technologische Möglichkeiten mit Smartphones und Tablets eröffnen hier ganz neue Formen des Teamfeedbacks, beispielsweise durch sehr häufige Befragungen mit 1–2 Fragen oder lediglich mit einer grafischen Smiley-Skala zu einem bestimmten Themengebiet. Auf diese Weise wird Teamfeedback nicht einmal zur Vorbereitung einer Teamentwicklung eingesetzt, sondern langfristig und kontinuierlich als ständige Rückkopplung der Teammitglieder untereinander eingesetzt.

Tab. 3.7 Inhaltliche Dimensionen und Beispielfragen von Teamfeedback und Teamdiagnosen

Inhaltliche Dimension	Beispielfrage
Unterstützung	Mitglieder dieses Teams kooperieren, um sich gegenseitig zu helfen und neue Ideen umzusetzen
	Mitglieder dieses Teams liefern und teilen Ressourcen, um bei der Umsetzung neuer Ideen zu helfen
	Teammitglieder liefern sich gegenseitig praktische Unterstützung für die Umsetzung neuer Ideen
Wissensaustausch	Die Teammitglieder teilen ihr Fachwissen und ihre Kenntnisse mit anderen Teammitgliedern
	Besondere Ideen und Ansätze zur Bearbeitung der Teamaufgabe werden unter den Teammitgliedern ausgetauscht
	Zwischen den Teammitgliedern herrscht ein reger Austausch an Wissen, Informationen und Kenntnissen
Innovativität	Die Teammitglieder entwickeln kreative Ideen
	Die Teammitglieder setzen sich bei anderen für eigene Ideen ein und fördern diese
	Die Teammitglieder entwickeln angemessene Konzepte und Zeitpläne für die Umsetzung von neuen Ideen
Verbundenheit	Ich fühle mich emotional nicht sonderlich mit dem Team verbunden
	Dieses Team hat eine große persönliche Bedeutung für mich
	Ich empfinde kein starkes Gefühl der Zugehörigkeit zu meinem Team

3.3 Change Monitoring, Puls- und Mitarbeiterbefragungen

Feedbackinstrumente auf der Ebene der Organisation sind insbesondere Pulsbefragungen, Change Monitoring und Mitarbeiterbefragungen. Folgende Definitionsmerkmale gelten dabei nach Borg (2003) und Bungard et al. (2007) für Mitarbeiterbefragungen:

1. Befragung von Mitarbeitern (Vollerhebung oder Stichprobenerhebung)
2. Freiwillige Basis der Befragung sowie Gewährleistung der Anonymität
3. Verwendung einer sozialwissenschaftlichen Methode der Datenerhebung (z. B. standardisierter Fragebogen)
4. Systematische Erfassung (z. B. von Meinungen, Einstellungen, Erwartungen)
5. Fokussierung auf unterschiedliche Themen, um die Organisationsziele und die übergeordnete Strategie zu realisieren

6. Zügige Rückmeldung der Ergebnisse (z. B. nach 2–4 Wochen)
7. Durchführung der Befragung in regelmäßigen Abständen (z. B. alle 1–2 Jahre)
8. Berücksichtigung unterschiedlichen Vergleichen (z. B. mehrere Jahre, mehrere Abteilungen, mehrere Länder)
9. Zeitnahe Einbindung der Führungskräfte zur Diskussion der Ergebnisse in allen Abteilungen
10. Identifikation von Problemfeldern zur Ableitung konkreter Verbesserungsmaßnahmen

In Abgrenzung zu Feedbackinstrumenten auf der Ebene des Individuums (z. B. Feedback für Führungskräfte und 360°-Feedback) und auf der Ebene des Teams (z. B. Teamdiagnose und Teamfeedback) werden bei Change Monitoring sowie bei Puls- und Mitarbeiterbefragungen also immer größere Gruppen von Mitarbeitern befragt. Dementsprechend richten sich die Ergebnisse auch nicht an einen einzelnen Feedbackempfänger oder an eine einzelne Abteilung, sondern immer differenziert an unterschiedliche Empfänger (beispielsweise alle Abteilungen in einem Unternehmen, alle Bereiche, alle Standorte). Insofern handelt es sich bei diesen Feedbackinstrumenten um die komplexeste und aufwändigste Variante von Feedbackinstrumenten – sowohl bzgl. der Planung und Durchführung als auch bzgl. der Gestaltung der Folgeprozesse.

Letztlich kann zwischen fünf Typen von Mitarbeiterbefragungen unterschieden werden, wie in Tab. 3.8 dargestellt ist. Natürlich können auch mehrere Typen miteinander kombiniert werden, um unterschiedliche Ziele zu erreichen. Darüber hinaus würden wir alle Typen von Mitarbeiterbefragungen dahingehend flexibilisieren, dass sie auch in kürzeren Abständen und dafür mit verringertem inhaltlichen Umfang eingesetzt werden sollten, um aktuelle Herausforderungen und veränderte Rahmenbedingungen angemessen abzubilden.

Die Gründe für die Durchführung von Mitarbeiterbefragungen sind sehr vielfältig, wie aus Abb. 3.5 ersichtlich ist. Die häufigsten Zielsetzungen sind die Erhöhung der Leistung unter Einbindung aller Mitarbeiter, die Gewinnung strategischer Informationen für das Management, die Mitarbeiterbefragung als Führungsfeedback sowie die Erhöhung der Mitarbeiterzufriedenheit. Daran wird bereits deutlich, wie mächtig Mitarbeiterbefragungen als Steuerungsinstrumente sind.

Durch den komplexen Prozess kann die Einführung und Umsetzung von Feedbackinstrumenten auf dieser organisationalen Ebene in unterschiedliche Phasen gegliedert werden (siehe Abb. 3.6). Dabei ist wichtig zu beachten, dass sich die Phasen auch überschneiden und dass manche Phasen über längere Zeiträume relevant sind. Bei klassischen Mitarbeiterbefragungen wie Klimabefragungen beginnt parallel zur Evaluation bereits die Planung der nächsten Befragung. Change Monitoring und

Tab. 3.8 Haupttypen von Mitarbeiterbefragungen (Borg 2003)

Typ	Ziel	Nächste Schritte
Meinungsumfrage	Verständnis der Mitarbeiter in Bezug auf verschiedene Themen	Abwarten der Ergebnisse und Entscheidung der nächsten Schritte
Benchmarkingumfrage	Messung weicher Faktoren und Vergleich mit anderen Firmen bzw. mit den besten Wettbewerbern oder mit früheren eigenen Werten	Regelmäßige Durchführung zum Zeitvergleich, Teilnahme an Konsortien zur gemeinsamen Durchführung
Klimabefragung mit Rückspiegelung	Verbesserung des Klimas und der Zufriedenheit, Identifikation von Schwachstellen und Stellschrauben	Intensive Einbindung der Mitarbeiter in Folgeprozesse, beispielsweise durch Workshops und Onlinetools
Auftau- und Einbindungsmanagement-Programm (AEMP)	Erhöhung der Leistung und der Zufriedenheit unter Einbindung aller Mitarbeiter	Regelmäßige zyklische Wiederholung als langfristiger Verbesserungsprozess über alle Ebenen hinweg
Systemische Mitarbeiterbefragung	Ermöglichung des Führens mit Kennzahlen	Integration der Ergebnisse in die Führungssysteme

Pulsbefragungen werden üblicherweise in kürzeren zeitlichen Abständen durchgeführt, sodass kein so umfangreicher Planungsaufwand notwendig und realistisch ist.

Gerade die Werbung für die Mitarbeiterbefragung und die Vermarktung in der Befragungsphase stellen zentrale Erfolgsfaktoren dar. Das hängt auch damit zusammen, dass ein hoher Rücklauf für die Akzeptanz der Ergebnisse essentiell ist. Pauschale Richtwerte sind hier unrealistisch, da die Feedbackkultur innerhalb einer Organisation maßgeblichen Einfluss auf den Rücklauf hat. In den allermeisten Fällen führen Werte über 50 % zu einer höheren Akzeptanz und damit zu wirksameren Folgeprozessen. Doch auch das lässt sich nicht verallgemeinern, da bei einem Vorjahresrücklauf von 80 % ein aktueller Rücklauf von 50 % sicherlich nicht positiv und akzeptanzsteigernd wahrgenommen werden würde.

Insgesamt muss bei allen organisationalen Feedbackinstrumenten beachtet werden, dass folgende drei Grundsätze berücksichtigt und konsequent umgesetzt werden:

- Anonymität und Datenschutz
- Transparenz
- Freiwilligkeit

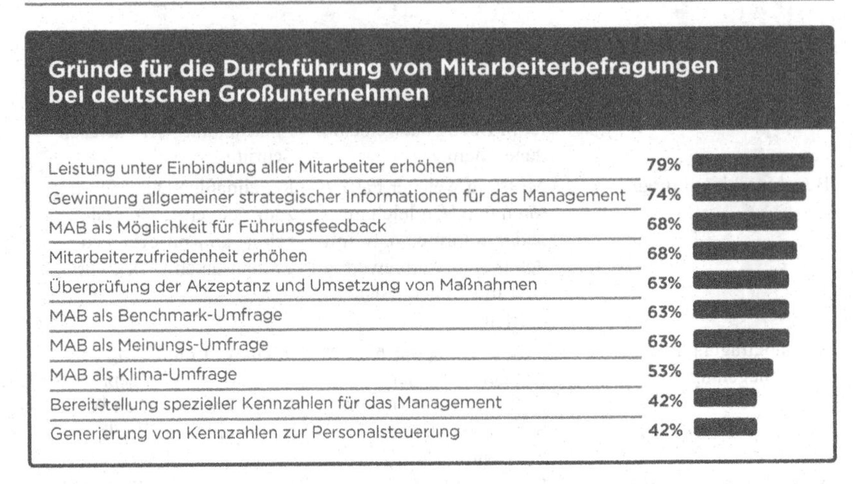

Gründe für die Durchführung von Mitarbeiterbefragungen bei deutschen Großunternehmen
Leistung unter Einbindung aller Mitarbeiter erhöhen 79%
Gewinnung allgemeiner strategischer Informationen für das Management 74%
MAB als Möglichkeit für Führungsfeedback 68%
Mitarbeiterzufriedenheit erhöhen 68%
Überprüfung der Akzeptanz und Umsetzung von Maßnahmen 63%
MAB als Benchmark-Umfrage 63%
MAB als Meinungs-Umfrage 63%
MAB als Klima-Umfrage 53%
Bereitstellung spezieller Kennzahlen für das Management 42%
Generierung von Kennzahlen zur Personalsteuerung 42%

Abb. 3.5 Heterogene Zielsetzungen von Mitarbeiterbefragungen in 19 deutschen Großunternehmen (Stephany et al. 2012)

Insbesondere die Anonymität hat maßgeblichen Einfluss darauf, ob die Mitarbeiter überhaupt an der Befragung teilnehmen. Somit müssen alle technischen und organisatorischen Maßnahmen getroffen werden, um durchgehende Anonymität zu gewährleisten. Das bedeutet beispielsweise auch, dass lediglich größere Einheiten von Personen bei Vergleichen von Ergebnissen und Bereichsauswertungen dargestellt werden. Konkret heißt diese Einschränkung, dass beispielsweise mindestens 8 Personen geantwortet haben müssen, damit die entsprechende Personengruppe mit detaillierten Ergebnissen bei der Rückmeldung berücksichtigt werden darf (Borg 2003). Genauso muss diskutiert werden, ob Führungskräfte im Rahmen der Mitarbeiterbefragung individuelle Rückmeldung erhalten sollen. Wenn nein, dann müssen die Analyseebenen so hoch definiert werden, dass immer mindestens zwei Führungskräfte in eine Personengruppe bei der Auswertung fallen. Einhaltung datenschutzrechtlicher Aspekte beinhaltet auch die zwingende Mitbestimmung des Betriebs- oder Personalrats und die Einbindung des Datenschutzbeauftragten, da durch eine Mitarbeiterbefragung immer personenbezogene und besonders sensible Daten erhoben werden, die bestmöglich geschützt werden müssen.

Transparenz spielt auch deshalb eine Rolle, weil bereits vor der Befragung allen Mitarbeitern und allen Führungskräften sowohl Aspekte rund um die Befragung als auch alle weiteren Schritte nach der Befragung kommuniziert werden müssen. Für viele Teilnehmer stellen Befragungen dieser Art in gewisser Weise eine Black Box dar, da die dahinterliegenden Techniken und Prozesse von außen nicht einsehbar sind. Umso wichtiger ist eine konsequente transparente Kommunikationsstrategie

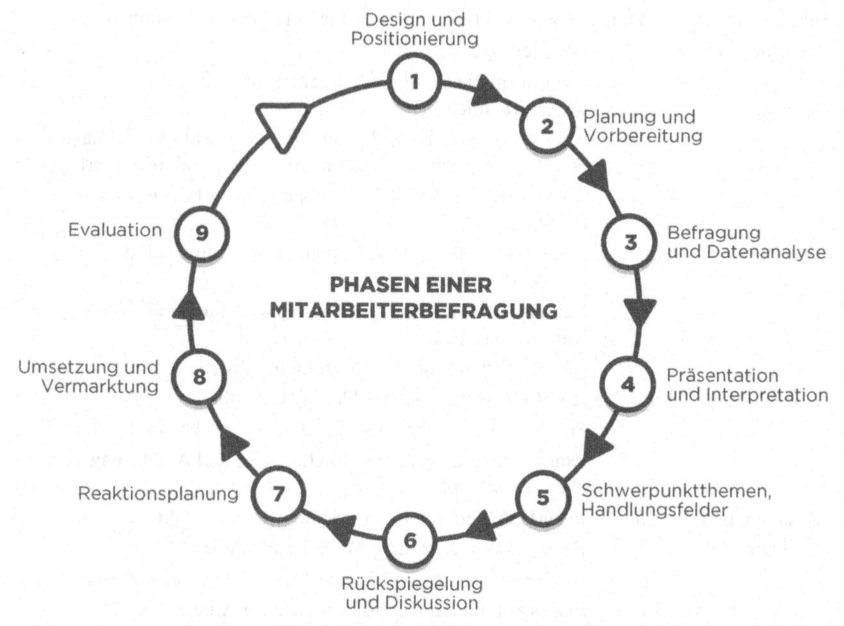

Abb. 3.6 Typische Phasen bei der Durchführung einer Mitarbeiterbefragung

unter Einbindung aller Führungskräfte und des Betriebsrats, um von vornherein für eine hohe Akzeptanz der entsprechenden Befragung zu werben. Vorab muss also in einem Regelwerk festgelegt werden, welche Auswertungen und Vergleiche der Daten zulässig sind und welche Führungsebenen und welche Mitarbeitergruppen entsprechende Einsicht bekommen. Jede Mitarbeiterbefragung im größeren Stil erfordert nach der Abstimmung dieser Eckdaten also immer auch eine eigene Kommunikationsstrategie, was gerade bei kleineren und mittleren Firmen oftmals unterschätzt wird.

Freiwilligkeit ist ein zentraler Grundsatz, da sowieso niemand zu einer Teilnahme gezwungen werden kann. Aussagekräftige Ergebnisse sind demnach nur möglich, wenn die Teilnahme auf freiwilliger Basis unter Einhaltung der Anonymität erfolgt. Oftmals kann die Einbeziehung von externen Firmen für die Durchführung von Mitarbeiterbefragungen positiv auf die Mitarbeiter wirken, um die Unabhängigkeit der Befragung und Auswertung zu unterstützen und die Freiwilligkeit klar herauszustellen.

Analog zu den anderen Feedbackinstrumenten auf der Ebene der Personal- und Teamentwicklung besteht auch bei Mitarbeiterbefragungen eine große Varianz bei den inhaltlichen Dimensionen. Das hängt auch maßgeblich damit zusammen, wel-

Tab. 3.9 Inhaltliche Dimensionen und Beispielfragen für Mitarbeiterbefragungen

Inhaltliche Dimension	Beispielfrage
Information und Kommunikation	Die Informationen, die wir erhalten, sind oft recht widersprüchlich.
	Über wichtige Entscheidungen, Vorgänge und Entwicklungen in unserer Einrichtung werden wir ausreichend informiert
	Anstelle von sachlicher Information gibt es bei uns oft Gerüchte
Berufliche Entwicklung	Die Kriterien für mein berufliches Fortkommen sind transparent
	Bei uns gibt es ein transparentes System für die nächsten Karriereschritte
	Bei uns gibt es gute Aufstiegsmöglichkeiten
Konfliktbewältigung	Konflikte werden bei uns häufig verdrängt
	Probleme werden bei uns zeitnah angesprochen und geklärt
	Konflikte werden bei uns üblicherweise ‚auf Anordnung von oben' entschieden
Zusammenarbeit und Kollegialität	Ich arbeite gern mit meinen Kollegen zusammen
	Bei uns kann jeder seine Meinung frei äußern
	Unsere Arbeitsbesprechungen sind zielorientiert und effizient
Arbeitszufriedenheit	Insgesamt bin ich zufrieden mit meiner Arbeitstätigkeit
	Ich bin mit meinen Entwicklungsmöglichkeiten zufrieden
	Mit meinen Kollegen bin ich insgesamt zufrieden

cher Typ Mitarbeiterbefragung verwendet wird und welche Zielsetzung formuliert wird. Analog dazu kann auch der Umfang in Bezug auf die Anzahl an Fragen variieren. In Tab. 3.9 sind exemplarisch inhaltliche Dimensionen und Beispielfragen für Mitarbeiterbefragungen aufgeführt.

Nutzen für Unternehmen

4

Für Unternehmen ist die zentrale Frage beim Einsatz von Feedbackinstrumente, welcher Nutzen damit verbunden ist. Wir sind bereits in der Einleitung auf gesellschaftliche, technologische und wirtschaftliche Trends eingegangen, die für den Einsatz von Feedbackinstrumenten sprechen. In diesem Kapitel möchten wir noch einmal detaillierter auf weitere Aspekte eingehen. Darüber hinaus werden wir uns aber auch mit Gefahren durch Feedbackinstrumenten beschäftigen.

4.1 Vorteile durch den Einsatz

Nach Bungard (2005) kann zwischen folgenden Funktionen unterschieden werden, die allgemein mit Feedbackinstrumenten umsetzbar sind:

- Diagnosefunktion
- Kommunikationsfunktion
- Evaluationsfunktion
- Aktivierungs- und Motivationsfunktion
- Steuerungsfunktion
- Sozialisationsfunktion

Diese vielfältigen Funktionen von Feedbackinstrumenten lassen bereits erahnen, dass auch der Nutzen für Unternehmen sehr vielfältig sein kann. Aus diesem Grund möchten wir detaillierter darauf eingehen, welchen Nutzen Unternehmen aus Feedbackinstrumenten ziehen können – und warum Feedbackinstrumente eines der mächtigsten Entwicklungs- und Steuerungsinstrumente für Unternehmen darstellen.

S. Werther, *Einführung in Feedbackinstrumente in Organisationen*, essentials,
DOI 10.1007/978-3-658-10497-9_4

Der Nutzen reicht dabei von Aspekten der klassischen Personal-, Team- und Organisationsentwicklung bis hin zur aktuellen Herausforderung des Employer Brandings, wie die nachfolgende Liste aufzeigt.

1. Personal-, Team- und Organisationsentwicklung: Die Veränderung und Entwicklung von Mitarbeitern und Führungskräften, Teams und Abteilungen und der gesamten Organisation ist eine zentrale Herausforderung im Unternehmensalltag. Eine zielgerichtete Veränderung ist dabei nur dann möglich, wenn die IST-Situation bekannt ist und ein gewünschter SOLL-Zustand skizziert wird. Feedbackinstrumente unterstützen bei der Diagnose des IST-Zustands und bei der Überprüfung der Zielerreichung des SOLL-Zustands.
2. Leistungssteigerung der eigenen Mitarbeiter: Feedbackinstrumente können bei einem professionellen Einsatz und insbesondere bei entsprechenden Folgeprozessen die Leistung von Mitarbeitern, Führungskräften, Teams und Unternehmen maßgeblich beeinflussen (Kluger und DeNisi 1996). Dabei muss allerdings berücksichtigt werden, dass eine professionelle Durchführung unabdinglich ist, da es ansonsten zu Leistungseinbußen kommen kann.
3. Strategisches Steuerungsinstrument: Der strategische Aspekt von Feedbackinstrumenten darf nicht unterschätzt werden. Zwar lassen sich auch mit diesen Instrumenten nicht alle Faktoren und Einflüsse im Personalbereich in Zahlen abbilden und nutzbar machen, aber immerhin erfolgt eine Annäherung an diese Zielsetzung. Gerade mit Puls- und Mitarbeiterbefragungen, aber auch mit aggregierten Führungskräftefeedbacks, 360°-Feedbacks und Teamdiagnosen können wertvolle Informationen für strategische Unternehmensentscheidungen gewonnen werden.
4. Resilienz und Effizienz: Unternehmen können heutzutage nur dann langfristig überleben, wenn sie einerseits resilient und andererseits flexibel sind (siehe Abb. 4.1). Dabei haben Studien in Ökosystemen gezeigt, dass eine vollständige Fokussierung auf Effizienz zu starker Verletzlichkeit und eine vollständige Fokussierung auf Resilienz zu Stagnation führt (Werther und Jacobs 2014). Langfristig erfolgreiche Organisationen pendeln sich deshalb in der Mitte ein, mit einem leichten Ausschlag in Richtung Resilienz. Ein kontinuierliches Monitoring ist somit unabdinglich, um gleichzeitig resilient und anpassungsfähig zu bleiben.
5. Grundbedürfnis nach Wertschätzung: Jeder Mensch besitzt unterschiedliche Bedürfnisse, wobei Wertschätzung und Anerkennung ein zentrales Grundbedürfnis aller Menschen darstellt (Gerrig 2015). Wertschätzung und Anerkennung können demnach eine starke Motivationsquelle für Mitarbeiter und Führungskräfte darstellen. Im Gegenzug führen fehlende Anerkennung und Wertschätzung zu Demotivation und letztlich sogar zu innerer Kündigung, die

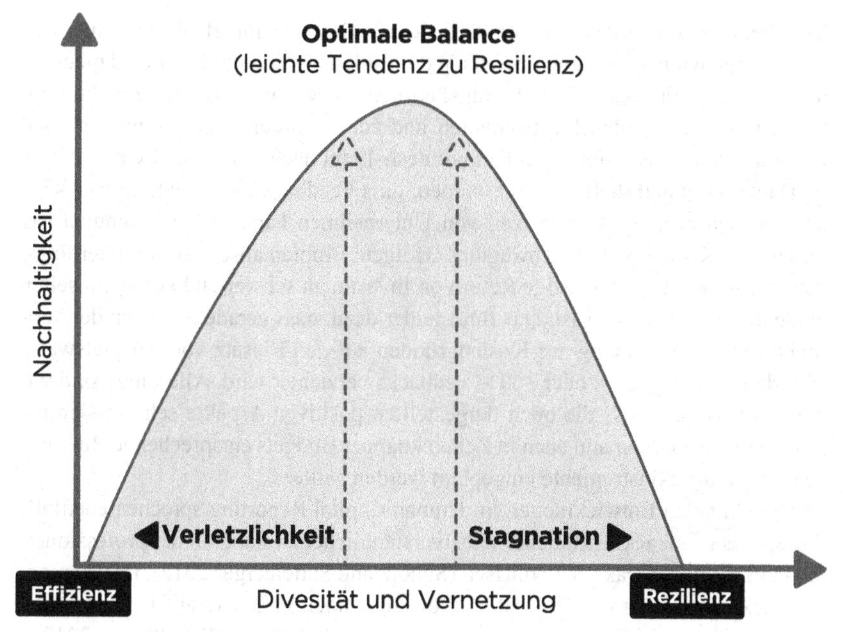

Abb. 4.1 Effizienz und Resilienz in Organisationen

in den letzten Jahren vermehrt für eine Mehrzahl der Arbeitnehmer in Deutschland ins Gespräch gebracht wurde.

6. Employer Branding: Die Situation auf dem Arbeitsmarkt wird sich durch den demografischen Wandel und durch die Erwartungshaltung der nachkommenden Generationen dahingehend verändern, dass Unternehmen vermehrt um Arbeitnehmer werben müssen. Employer Branding und Personalmarketing sind hier die zentralen Stichwörter, die in den letzten Jahren vermehrt an Aufmerksamkeit gewonnen haben (Grothe 2014). Bereits jetzt und in Zukunft noch mehr werden Arbeitnehmer selbstverständlich erwarten, dass Unternehmen sie in ihrer persönlichen Weiterentwicklung unterstützen. Dabei ist Feedback ein selbstverständlicher Bestandteil, der nicht mehr nur Führungskräfte fokussieren wird. Somit ist der kontinuierliche und flächendeckende Einsatz von Feedbackinstrumenten auch ein Argument im Employer Branding, um potenzielle Mitarbeiter zu begeistern.

Letztlich sind befragungsbasierte Feedbackinstrumente auch eine große Chance für die Unternehmensleitung, die Personalleiter und auch für Personalreferenten oder HR Business Partner, um eine aktive Rolle in der Veränderung von Individuen und Organisationen einzunehmen und nicht nur operative Tätigkeiten in Bezug auf

Mitarbeiter abzuarbeiten. Die aktive Rolle als Gestalter innerhalb des Unternehmens haben wir diesbezüglich bereits in der Einleitung angesprochen und möchten noch einmal darauf verweisen. Erfolgsfaktoren und wichtige Aspekte zum konkreten Einsatz von Feedbackinstrumenten und zur Gestaltung der Zusammenarbeit innerhalb des Unternehmens stellen wir deshalb im nächsten Kapitel vor.

Dabei muss natürlich beachtet werden, dass Feedbackinstrumente immer Kosten mit sich bringen. Der Nutzen von Unternehmen kann strenggenommen nur durch eine Kosten-Nutzen-Abwägung erfolgen. Problematisch ist hier allerdings, dass der mittel- bis langfristige Return on Investment schwer und vor allem selten eindeutig quantifizierbar ist. Das führt leider dazu, dass gerade in Zeiten der konjunkturellen Anspannung aus Kostengründen auf den Einsatz von beispielsweise Mitarbeiterbefragungen oder 360°-Feedbacks verzichtet wird. Allerdings sind wir davon überzeugt, dass die oben dargestellten positiven Aspekte sehr gewichtige Argumente darstellen und auch in Zeiten knapper Budgets entsprechende Ressourcen für Feedbackinstrumente eingeplant werden sollten.

Die aktuellen Entwicklungen im Human Capital Reporting sprechen ebenfalls dafür, dass Feedbackinstrumente selbstverständlicher Bestandteil der professionellen Unternehmenspraxis sein müssen (Scholz und Sattelberger 2012). Im Themenkomplex Motivation des HCR10 sind die folgenden in Bezug auf Feedbackinstrumente relevanten Bestandteile empfehlenswert (Scholz und Sattelberger 2012):

- Mitarbeiterbefragung Grundlagen
- Beteiligungsquote
- Ergebnisse
- Zufriedenheitsquote
- Commitment-Index

Auch aus dieser Perspektive heraus ist eine moderne und zeitgemäße Personalarbeit in Unternehmen nur mit Kennzahlen möglich. Neben objektiven Kennzahlen, z. B. die Fluktuation, sind dabei Ergebnisse von Mitarbeiterbefragungen und anderen Feedbackinstrumenten unerlässlich.

4.2 Gefahren beim Einsatz

Trotz aller positiven Aspekte von Feedbackinstrumenten darf nicht vergessen werden, dass auch Gefahren beim Einsatz dieser Instrumente vorhanden sind. Dabei stützen wir uns auf Scherm und Sarges (2002), auf Borg (2003) sowie auf unsere eigenen Erfahrungen. Die Gefahren können dabei folgendermaßen unterschieden werden:

1. Es erfolgen mittel- bis langfristig keine (Verhaltens-) Veränderungen und keine Leistungs- oder Motivationssteigerungen nach dem Feedback
2. Es treten negative Effekte nach dem Feedback auf, d. h. die (Verhaltens-) Veränderungen gehen in eine negative Richtung und es entstehen Leistungs- und Motivationseinbrüche.

Veränderungen nach dem Feedback können aus unterschiedlichen Gründen ausbleiben. Schlecht geplante Folgeprozesse oder fehlende professionelle Begleitung sind hier denkbar. Genauso können eine Kultur der Stagnation und negative Erfahrungen mit früheren Veränderungsprozessen dazu führen, dass Veränderungen ignoriert werden, weil die Mitarbeiter über Jahrzehnte gelernt haben, dass auch dieser Krug vorüberziehen wird. Denkbar sind auch Einflüsse der Feedbackempfänger, die beispielsweise anhand verschiedener Abwehrmechanismen wie Rationalisierung oder Gegenangriffen keine Auseinandersetzung und Weiterentwicklung anhand der Ergebnisse ermöglichen.

Negative Effekte sind dann möglich, wenn beispielsweise Manipulationsvorwürfe durch die Unternehmensleitung im Raum stehen. Auch die nachträgliche Aufhebung der Anonymität oder Versuche der Zuordnung individueller Einschätzungen können sich sehr negativ auswirken. Genauso verhält es sich bei der Instrumentalisierung von Feedbackinstrumenten zur Durchsetzung schwieriger Entscheidungen. Die Kommunikation spielt auch eine zentrale Rolle zur Vermeidung negativer Effekte, da eine klare Positionierung einer Mitarbeiterbefragung dazu führen kann, dass bei den Beteiligten gar nicht erst unrealistische Erwartungshaltungen aufgebaut werden.

Bei allen potenziellen Gefahren bleibt festzuhalten, dass diese durch eine professionelle Planung und eine kompetente Begleitung bei der Ein- und Durchführung von Feedbackinstrumenten vermieden werden können. Wir werden in einem späteren Kapitel detaillierter darauf eingehen, warum Feedbackinstrumente in der heutigen Arbeitswelt und bei den aktuellen Rahmenbedingungen nicht mehr wegzudenken sind.

Einsatz von Feedbackinstrumenten 5

Wir haben in den vorherigen Kapiteln theoretische Grundlagen, typische Merkmale und Argumente für den Einsatz von Feedbackinstrumenten dargestellt. In diesem Kapitel möchten wir uns dem Einsatz von Feedbackinstrumenten in Organisationen widmen. Dabei geht es einerseits um die Vorgehensweise und andererseits um zentrale Erfolgsfaktoren, um 360°-Feedback, Teamdiagnosen und Mitarbeiterbefragungen erfolgreich in Unternehmen einzuführen und zur Zufriedenheit und zum Nutzen aller Beteiligten einzusetzen.

5.1 Vorgehensweise

Fairness ist zentral bei der Einführung von Feedbackinstrumenten, egal ob 360°-Feedback oder Teamdiagnosen oder Mitarbeiterbefragungen. Dabei kann zwischen diesen Ebenen der Fairness unterschieden werden (von Hornstein und Spörrle 2014):

- Distributive Fairness, d. h. welche individuellen Vor- und Nachteile erwarte ich bzgl. der Ressourcenverteilung?
- Prozedurale Fairness, d. h. inwiefern wird meine Meinung im Feedbackprozess angemessen berücksichtigt?
- Interpersonelle Fairness, d. h. wie respektvoll und würdevoll werde ich im Rahmen des Feedbacks behandelt?
- Informationale Fairness, d. h. inwiefern werde ich offen, transparent und zeitnah informiert?

S. Werther, *Einführung in Feedbackinstrumente in Organisationen,* essentials,
DOI 10.1007/978-3-658-10497-9_5

Wichtig ist bei der Einführung und auch bei der kontinuierlichen Anwendung von Feedbackinstrumenten also die Berücksichtigung von Aspekten der Fairness. Das erwähnen wir bereits bei der Vorgehensweise und nicht erst bei den Erfolgsfaktoren, weil Fairness jeden einzelnen Schritt der Vorgehensweise prägen muss, um nachhaltig erfolgreiche Feedbackinstrumente einzusetzen. Fairness bedeutet auch, dass von Anfang der Betrieb- oder Personalrat sowie der Datenschutzbeauftragte hinzugezogen werden, da diese Personengruppen intensiv in den gesamten Prozess eingebunden werden müssen. Die Erfahrung zeigt, dass umso weniger Probleme in einer späteren Phase der Einführung zu erwarten sind, je früher alle gemeinsam an einem Tisch sitzen. Zwar regelt das Betriebsverfassungsgesetz aus rechtlicher Sicht die Mitbestimmungspflicht der Mitarbeitervertretung, doch sind für eine Veränderung der Organisation weniger die rechtlichen Paragraphen als vielmehr die Unterstützung aller Stakeholder relevant.

Letztlich kann die Einführung jedes Feedbackinstruments in die Phase der Entscheidung, der Planung, der Kommunikation, der Befragung, der Auswertung, der Rückmeldung und der Evaluation unterschieden werden. Detaillierte Informationen zu den jeweiligen Phasen haben wir in Tab. 5.1 zusammengestellt. Dabei ist uns wichtig anzumerken, dass die Phasen oftmals ineinandergreifen und dass im Idealfall nach Abschluss eines Durchgangs bereits die Planung des nächsten Durchgangs beginnt. Auf diese Art und Weise wird von vornherein die Selbstverständlichkeit von ständiger Rückkopplung kommuniziert und es kann sich bei professioneller Gestaltung der Folgeprozesse langsam aber sicher eine wertschätzende Feedbackkultur entwickeln.

Gerade die Rückmeldungsphase lässt sich auch mit Großgruppenformaten gestalten, wie sie beispielsweise in „Organisationsentwicklung – Freude am Change“ (Werther und Jacobs 2014) vorgestellt werden. Ein klassischer Rückmeldeworkshop ist hier nur eine von vielen Varianten, sodass gerade bei Unternehmen in größeren Veränderungsprozessen die Ergebnisse einer Mitarbeiterbefragung als Anlass für eine Großgruppenveranstaltung genutzt werden können.

Bei allen Feedbackinstrumenten ist die Einrichtung eines Koordinationsteams eine zentrale Voraussetzung für einen erfolgreichen weiteren Prozess. Das hängt auch damit zusammen, dass die Zuständigkeiten eindeutig geklärt sein müssen. So werden Mitarbeiterbefragungen in manchen Organisationen dem Controlling zugeordnet, wohingegen sie in anderen Organisationen der Personalabteilung zugeordnet sind. Eine frühzeitige Klärung der Verantwortlichkeiten erleichtert somit alle Entscheidungen und ermöglicht erst ein professionelles Projektmanagement.

Tab. 5.1 Typische Phasen und Aspekte bei der Einführung und Anwendung von Feedbackinstrumenten

	Feedback für Führungskräfte und 360°-Feedback	Teamdiagnose und Teamfeedback	Change Monitoring, Pulsbefragungen und Mitarbeiterbefragungen
Entscheidungsphase	Festlegung der Zielsetzung und des zeitlichen Horizonts der Maßnahme (z. B. Entwicklung/Veränderung vs. Messung/Monitoring), Design und Positionierung der Befragung (Bedürfnisse des Unternehmens und jeweiliger Kontext, Berücksichtigung von Anonymität und Datenschutz), Einbindung aller relevanten Stakeholder (Betriebs- und Personalrat, Datenschutzbeauftragter, etc.), Erarbeitung von Anforderungen und Auswahl externer Anbieter (falls erforderlich)		
Planungsphase	Einrichtung eines Koordinationsteams, Erarbeitung des Fragebogens, gegebenenfalls Übersetzung in andere Sprachen (inkl. Rückübersetzung), Festlegung der Stichprobe, Planung der Kommunikation und der Folgeprozesse		
Kommunikationsphase	Information der Feedbackempfänger (d. h. Führungskraft oder Mitarbeiter) über die Maßnahme und deren Zielsetzungen sowie die individuellen Entwicklungschancen	Information des Teams über die Maßnahme, beispielsweise eingebettet in eine Teamentwicklung, offene Kommunikation der Zielsetzung und der weiteren Prozessschritte	Kommunikation bereits vor Befragungsbeginn zur Betonung der Bedeutung der Befragung, idealerweise Einbindung des Betriebs- oder Personalrats in die Kommunikation, offene Kommunikation der Zielsetzung und der weiteren Prozessschritte
Befragungsphase	Befragung der Führungskraft und ihrer Mitarbeiter oder eines Mitarbeiters und seiner Befragungsquellen	Befragung der Teammitglieder des jeweiligen Teams	Befragung der gesamten Organisation bei einer Vollbefragung oder einer entsprechenden Stichprobe
Auswertungsphase	Weitestgehend automatisierte Auswertung und Generierung des Ergebnisberichts für die Führungskraft bzw. den Mitarbeiter, Generierung eines Ergebnisberichts	Weitestgehend automatisierte Auswertung und Generierung des Ergebnisberichts für das Team, Generierung eines Ergebnisberichts	Weitestgehend automatisierte Auswertung und Generierung zahlreicher Ergebnisberichte für alle Abteilungen und Analyseeinheiten plus optional weiterführende statistische Analyse und Erstellung von Management Reports

Tab. 5.1 (Fortsetzung)

	Feedback für Führungskräfte und 360°-Feedback	Teamdiagnose und Teamfeedback	Change Monitoring, Pulsbefragungen und Mitarbeiterbefragungen
Rückmeldungsphase	Weitergabe der Ergebnisberichte an den Feedbackempfäger, Gestaltung der Folgeprozesse, z. B. mit einem ½-tägigen Workshop	Gestaltung der Teamentwicklung, z. B. mit einer klassischen Teamentwicklung aufbauend auf dem Ergebnisbericht	Information der Stakeholder über die Ergebnisse (Vorstand, Mitarbeiter, etc.), Weitergabe der Ergebnisberichte an die einzelnen Abteilungen, beispielsweise mit Rückmeldeworkshops oder Großgruppenveranstaltungen
Evaluationsphase	Systematische Befragung des Koordinationsteams und aller Befragungsteilnehmer über den Prozess, den Fragebogen und die Gestaltung der Rückmeldung und der Folgeprozesse		

5.2 Inhalte und Fragebogen

Grundsätzlich kann zwischen standardisierten bereits vorhandenen Instrumenten und zwischen individuell formulierten Fragebögen unterschieden werden. Bei den Erfolgsfaktoren gehen wir auf den Aspekt der Standardisierung vertieft ein, doch wichtig ist bereits an dieser Stelle anzumerken, dass die Formulierung der Fragen immer der Unternehmenssprache entsprechen sollte. Vollkommen standardisierte Instrumente sind diesbezüglich problematisch, da die Verständlichkeit und Eindeutigkeit der Fragen dann nicht mehr gewährleistet ist – selbst wenn die Standardisierung in manchen Fällen psychologischen Gütekriterien wie der Validität und Reliabilität förderlich wäre. Doch wir sind bereits darauf eingegangen, dass gerade bei der Zielsetzung Entwicklung/Veränderung gar nicht unbedingt der richtige und perfekte Fragebogen wichtig ist, sondern vielmehr der Prozess der Befragung, die Ergebnisse als Anstoß für die weitere Reflexion und der darauf aufbauende Folgeprozess. Darüber hinaus müssen Einzelitems oder kürzere Skalen nicht automatisch bedeuten, dass die Aussagekraft nicht gegeben ist. In Bezug auf Arbeitszufriedenheit hat sich beispielsweise gezeigt, dass die Übereinstimmung eines einzelnen Items mit einer aufwändigen Skala relativ hoch ist. Darüber hinaus stellt sich diese Frage in organisationalen Kontexten oftmals nicht, da mit einem möglichst kurzen Fragebogen möglichst viele Themen abgefragt werden müssen, sodass umfangreiche Skalen gar nicht in Frage kommen.

Aufgrund der Wichtigkeit der Einzelfragen möchten wir an dieser Stelle einige Regeln aufführen, die bei der Formulierung und Überprüfung von Fragen hilfreich sind. Items sollten nach Borg (2003, S. 140–141) die in Tab. 5.2 aufgeführten Merkmale besitzen (wir stellen aus Platzgründen lediglich einen Auszug dar). Darüber hinaus sollte eine einheitliche Antwortskala verwendet werden, um die Befragungszeit möglichst effizient zu nutzen. Genauso ist es bei organisationsweiten Befragungen wichtig, dass alle Mitarbeiter die Fragen beantworten können. Darüber hinaus sollten tendenziell positive Formulierungen verwendet werden, um nicht über die Befragungen Probleme zu unterstellen. Ausnahmen bestätigen hier allerdings die Regel, da sich manche Thematiken, beispielsweise die Kündigungsabsicht, nicht positiv formulieren lassen und es dann künstlich und unglaubwürdig werden würde.

Gerade bei Fragebögen in verschiedenen Sprachen muss der Prozess der Übersetzung systematisch geplant und umgesetzt werden. Es ist nicht ausreichend, die Fragen einfach in andere Sprachen zu übersetzen, da es zu kulturellen Missverständnissen und schwer vergleichbaren Sprachversionen kommen kann. In allen Fällen ist eine Rückübersetzung durch einen weiteren Übersetzer in die Ausgangssprache notwendig. Konkret übersetzt also der erste Übersetzer die deutsche Version ins Chinesische, daraufhin übersetzt ein zweiter Übersetzer die chinesische Version zurück ins Deutsche. Eine rein technische Übersetzung ist allerdings auch bei der Rückübersetzung nicht ausreichend, sondern es müssen auch die inhaltlichen Schwerpunkte der jeweiligen Fragen an die Übersetzer weitergegeben werden, um möglichst vergleichbare Sprachversionen zu erhalten.

In allen Fällen sollten die Fragebögen vor dem Einsatz an möglichst realistischen Stichproben mit mehreren Pretests getestet werden. Nur so können wichtige Anhaltspunkte für die Optimierung und Weiterentwicklung des Fragebogens eingearbeitet werden. Selbst wenn der Fragebogen bereits in anderen Unternehmen erfolgreich eingesetzt wurde, dann können dennoch die einen oder anderen Formulierungen auf Unverständnis bei einer anderen Zielgruppe stoßen.

5.3 Erfolgfaktoren

Zentrale Erfolgsfaktoren lassen sich für verschiedene Feedbackinstrumente herausarbeiten, worauf wir in diesem Abschnitt eingehen möchten.

1. Zeitpunkt: Der Zeitpunkt eines 360°-Feedbacks oder einer Mitarbeiterbefragung kann maßgeblich über die Beteiligung und auch über den Erfolg der Follow-up-Prozesse entscheiden. Urlaubszeiten, Feier- und Brückentage,

Tab. 5.2 Merkmale von Fragen

Regel	Ungünstige Formulierung	Gute Formulierung
Kurze und kompakte Fragen	Wenn ich darüber nachde, dann komme ich letztlich zu dem Schluss, dass mein Job eigentlich recht zufriedenstellend ist	Mein Job gefällt mir
Eindeutige Verständlichkeit für alle	Der ROI in unserer Branche ist…	Die Gewinne in unserer Branche…
Nicht zu vage und nicht zu allgemein	Mein Vorgesetzter spricht selten mit mir	In den letzten 12 Monaten hat mein Vorgesetzter ausführlich mit mir über meine Arbeitsziele gesprochen
Nicht zu konkret und dadurch zu eingeengt	In den letzten 12 Monaten hat mein Vorgesetzter in jedem Monat 1 Mal mit mir über meine Arbeitsziele gesprochen	In den letzten 12 Monaten hat mein Vorgesetzter regelmäßig mit mir über meine Arbeitsziele gesprochen
Lediglich ein Thema ansprechen	Mein Vorgesetzter ist nett und kompetent	Mein Vorgesetzter ist kompetent
Negationen vermeiden	Es ist nicht gut, wenn die Arbeiten nicht termingerecht erledigt werden	Es ist wichtig, dass die Arbeiten termingerecht erledigt werden
Extreme vermeiden	Mit meinem Job bin ich außerordentlich zufrieden	Mit meinem Job bin ich zufrieden
Fragwürdige Prämissen vermeiden	Um Konflikte zu vermeiden, sollten die Mitarbeitern…	
Modische Ausdrucksweisen vermeiden	Mein Vorgesetzter ist echt cool	
Rekodierung verwenden	Meine Arbeitsziele sind klar	Meine Arbeitsziele sind vage
Manipulative Formulierungen vermeiden	Ich würde auch am Wochenende arbeiten, wenn es die wirtschaftliche Situation des Unternehmens erfordert	Ich würde auch am Wochenende arbeiten

Großveranstaltungen und andere Themen sollten gerade bei organisationsweiten Befragungen bestmöglich bei der zeitlichen Planung berücksichtigt werden. Gerade bei Mitarbeiterbefragungen existieren oftmals mehr oder weniger berechtigte Sorgen der Unternehmensleitung, die ihrer Meinung nach für eine Verschiebung des Befragungszeitpunkts sprechen würden. Hier ist eine Differenzierung wichtig und auch eine transparente Kommunikation gegenüber allen Beteiligten – ansonsten kann eine Befragung schnell als Beeinflussungsversuch wahrgenommen werden. Genauso verhält es sich beim Einsatz von Feedbackinstrumenten ohne vorherige Planung, d. h. beim Einsatz über Nacht. Dadurch kann der sinnvolle Einsatz zu einem späteren Zeitpunkt erschwert und verhindert werden, da die Befragten schlechte Erfahrungen mit diesem Schnellschuss gemacht haben. Bei Feedback für Führungskräfte, bei 360°-Feedbacks und auch bei Teamdiagnosen kann auch immer mehr dazu übergegangen werden, dass die Feedbackempfänger selbstständig über den richtigen Zeitpunkt der Befragung entscheiden können. Bei Onlinebefragungen ist es problemlos möglich, dass Befragungen unterschiedlicher Führungskräfte, Mitarbeiter oder Teams über ein Jahr verteilt stattfinden, ohne dass bzgl. Aufwand oder Kosten Nachteile entstehen.

2. Verständlichkeit: Dieser Aspekt spielt sowohl bei der Kommunikation und dem Fragebogen als auch bei den Ergebnisberichten und –präsentationen eine zentrale Rolle. Es liegt immer in der Verantwortung der Ersteller, dass alle Elemente des Feedbackinstruments plausibel und verständlich für die Befragten sind. Das bedeutet beispielsweise auch, dass unternehmensspezifische Bezeichnungen angepasst werden sollten (z. B. Führungskraft vs. Vorgesetzter, Training und Weiterbildung vs. Personalentwicklung). Abbildung 5.1 zeigt ein Beispiel für eine Interpretationshilfe in einem Ergebnisbericht, um die eigenständige Auseinandersetzung mit den Ergebnissen zu unterstützen. Die technischen Möglichkeiten sollten hier auch in Richtung interaktive Ergebnisberichte genutzt werden, um die Feedbackempfänger bestmöglich zu unterstützen.
3. Koordination: Das gilt insbesondere für den parallelen Einsatz mehrerer Feedbackinstrumente. Wenn ich als Mitarbeiter innerhalb von 14 Tagen sowohl die Einladung zur unternehmensweiten Mitarbeiterbefragung erhalte als auch zum Führungskräftefeedback meiner Führungskraft und zur 360°-Potenzialanalyse eines Kollegen eingeladen werde, dann ist das zuviel des Guten und die Aussagekraft der Daten wird sicher darunter leiden. Das ist unserer Erfahrung nach in vielen Fällen leichter gesagt als getan, weil die Ansprechpartner unterschiedlich sind und weil unterschiedliche technische Befragungsplattformen und externe Anbieter genutzt werden. Umso wichtiger ist hier eine genaue Abstimmung und idealerweise die Nutzung einer einheitlichen Befragungsplattformen, um Synergieeffekte zu nutzen und Parallelbefragungen weitestgehend zu vermeiden.

5. Interpretationshilfe

Im folgenden Abschnitt werden Ihnen Anhaltspunkte zur Interpretation der Ergebnisse gegeben. Für die Ergebnisinterpretation sind drei Schritte empfehlenswert:

1) Vergleich Selbstbild vs. Fremdbild

2) Vergleich Ergebnis (Ist) vs. Erwartung (Soll)

3) Streuung der Fremdeinschätzung

Um aus den Ergebnissen konkrete Handlungen abzuleiten, empfiehlt es sich zudem, die den Bewertungsdimensionen zugrunde liegenden Verhaltensweisen durchzugehen (siehe „4. Erläuterung der Bewertungsdimensionen"). Dabei ist es auch lohnenswert, die Einzelfragen zu den Bewertungsdimensionen heranzuziehen (siehe „6. Einzelauswertungen").

1) Vergleich Selbstbild vs. Fremdbild

Ein wichtiger Aspekt bei der Interpretation der Ergebnisse ist, wie Ihre Selbsteinschätzung im Vergleich zur Fremdeinschätzung durch Ihre Mitarbeiter ausfällt. Ihre Ergebnisse werden dann bedeutsam, wenn Ihre Selbsteinschätzung auffällig vom Mittelwert der Fremdeinschätzung abweicht. Grundsätzlich sind drei Arten von Ergebnissen möglich:

a) Übereinstimmung
Die Selbsteinschätzung liegt nahe am Mittelwert der Fremdeinschätzung: Fremd- und Selbstbild stimmen überein.

b) Unterschätzung
Die Selbsteinschätzung liegt weit unterhalb des Mittelwerts der Fremdeinschätzung: Fremd- und Selbstbild stimmen nicht überein; in dieser Bewertungsdimensionen unterschätzen Sie Ihr Führungsverhalten.

c) Überschätzung
Die Selbsteinschätzung liegt weit oberhalb des Mittelwerts der Fremdeinschätzung: Fremd- und Selbstbild stimmen nicht überein; in dieser Bewertungsdimensionen überschätzen Sie Ihr Führungsverhalten.

Abb. 5.1 Auszug aus einer Interpretationshilfe für einen Ergebnisbericht eines Feedbacks für Führungskräfte

4. Fach- und Prozessberatung: Jedes Feedbackinstrument ist im Sinne einer interventionistischen Perspektive eine Entwicklung von Mitarbeitern, Führungskräften, Teams und damit eine Veränderung der gesamten Organisation. Empfehlenswert ist deshalb eine Begleitung der Einführung jedes Feedbackinstruments durch Experten – sowohl aus der Perspektive der Fachberatung, als auch aus der Perspektive der Prozessberatung. Gerade bei Folgeprozessen, die bereits von vornherein mitbedacht und mitgeplant werden müssen, spielt Prozessberatung eine große Rolle. Doch bei der Konzeption der Befragung sind fachliche Experten wichtig, da ein 360°-Feedback und eine Mitarbeiterbefragung eben viel mehr ist als ein Fragebogen, eine 08/15-Auswertung und ein an alle verschickter Standardergebnisbericht. Sicherlich spielen Kostenüber-

legungen immer eine Rolle, doch sollte nicht an den falschen Stellen gespart werden, da ansonsten der gesamte Nutzen in Gefahr ist. Insbesondere bei bei der Planung von Befragungen und bei Folgeprozessen und Coachings von Führungskräften, umfangreichen Teamworkshops zur Teamentwicklung oder Rückmeldeworkshops bei Mitarbeiterbefragungen ist sehr große methodische, psychologische und fachliche Expertise gefragt.

5. Stakeholder: Wir sind bereits an früherer Stelle darauf eingegangen, dass die Berücksichtigung zentraler Stakeholder von großer Bedeutung ist. Insbesondere der Betriebs- oder Personalrat spielt hier eine sehr große Rolle, da er maßgeblich über den Erfolg einer Befragung entscheiden kann. Die minimale Einbeziehung der Mitarbeitervertreter in alle Planungsprozesse zahlt sich erfahrungsgemäß tendenziell eher negativ aus. Zwar wird von Vorstand oder Geschäftsführung dadurch teilweise mehr Spielraum gerade im Nachklang der Befragung erhofft, doch in den allermeisten Fällen wird das nach hinten losgehen. Gerade die Unterstützung der Mitarbeitervertretung im Vorfeld der Befragung ist sehr wichtig, da dadurch Einigkeit gegenüber den Mitarbeitern bezüglich der Zielsetzung der Befragung signalisiert wird. Auch die Gestaltung von Folgemaßnahmen zur Veränderung des Unternehmens kann nur dann erfolgen, wenn alle Stakeholder an einem Strang ziehen und sich auch als gleichberechtigte Gesprächspartner verstehen.
6. Standardisierung: Sicherlich ist Standardisierung nicht automatisch negativ, doch ist eine Anpassung der Inhalte des Fragebogens und der konkreten Fragen an die Realität des jeweiligen Unternehmens wichtig. Wir sind bereits in Bezug auf die Verständlichkeit darauf eingegangen, dass alle Formulierungen der Sprache des Unternehmens entsprechen müssen. Darüber hinaus ist es bei allen Befragungen für die Teilnehmer irritierend, wenn zentrale Themen ignoriert werden, die aber an anderen Stellen innerhalb des Unternehmens große Aufmerksamkeit bekommen. Auf der anderen Seite können über Befragungen natürlich auch Themen gesetzt und ins Gespräch gebracht werden. Standardisierung vs. Individualisierung ist allerdings auch immer eine Gratwanderung, da gerade der zeitliche Vergleich über mehrere Jahre hinweg oder der Vergleich im Sinne eines Benchmarkings mit anderen Unternehmen erschwert wird, wenn sehr individuelle Inhalte und Fragen verwendet werden. Hier ist sicherlich ein Mittelweg erforderlich, doch eine komplette Standardisierung sollte in Hinblick auf effektive Folgeprozesse und eine tatsächliche Veränderung des Unternehmens vermieden werden.
7. Umfang: Der Umfang eines Fragebogens ist ein häufig diskutierter Aspekt bei Feedbackinstrumenten, wobei hier auch die Meinungen von Wissenschaftlern und Praxisvertretern auseinandergehen. Oftmals wird von wissenschaftlicher

Seite argumentiert, dass mit 15 Fragen keine validen und reliablen Ergebnisse in Erfahrung gebracht werden. Auf der anderen Seite argumentieren Praxisvertreter, dass es weniger um die Validität und Reliabilität der einzelnen Fragen geht, also vielmehr um einen Anstoß zur Reflexion und Veränderung bei den Befragungsteilnehmern und Feedbackempfängern. Auch wir werden diese Diskussion nicht beantworten können, doch sollte beim Umfang des Fragebogens immer die Zielsetzung und auch die zeitliche Gestaltung berücksichtigt werden. Wenn ich zwei Mal im Jahr ein Führungskräftefeedback zur Entwicklung der Führungskräfte etablieren möchte, dann darf der Fragebogen natürlich nicht so umfangreich sein als wenn ich ein Mal alle zwei Jahre ein Führungskräftefeedback initiiere. Genauso verhält es sich bei Mitarbeiterbefragungen – wenn ich diese alle zwei bis drei Jahre durchführe, dann kann sie natürlich umfangreicher sein, als wenn ich alle drei Monate eine Befragung starten möchte. Wichtig ist dabei zu beachten, dass auch unter Berücksichtigung aller psychologischen Gütekriterien viel nicht immer viel hilft. Ein Fragebogen mit 100 Fragen und ein Ergebnisbericht mit 30 Seiten führt nicht automatisch zu mehr Veränderung als ein Fragebogen mit 20 Fragen und ein Ergebnisbericht mit 3 Seiten. Dementsprechend muss hier immer abhängig von der jeweiligen Zielsetzung, Situation des Unternehmens und auch Reife der Befragten in Bezug auf eine Befragungskultur entschieden werden, mit welchem Umfang man das beste Ergebnis erhalten kann.

8. Feedbackschleifen: Wir sprechen von Feedbackinstrumenten, dementsprechend sind Feedbackschleifen bei der Kommunikation und bei der Konstruktion des Fragebogens sowie bei der technischen Durchführung entscheidend. Die einzelnen Elemente der Kommunikation sollten von Mitarbeitern und von Führungskräften überprüft werden, damit kein falscher Eindruck vermittelt und keine abschreckende Wirkung erzielt wird, beispielsweise durch missverständliche Formulierungen im Einladungsschreiben. Bei der Konstruktion des Fragebogens sind Pretests ganz entscheidend, d. h. die Überprüfung des Fragebogens unter möglichst realistischen Bedingungen zur Kalibrierung des Messinstruments. Beispielsweise können zu schwere oder zu leichte Fragen schnell dazu führen, dass man keinerlei Ergebnisse erhält, weil jeder Befragte die niedrigste oder höchste Antwortkategorie auswählt. Genauso verhält es sich mit dem Prozess der technischen Durchführung – hier müssen alle Prozessschritte mehrfach unter realistischen Bedingungen getestet werden: Kommen die Einladungs-E-Mails an oder werden sie vom Spamfilter blockiert? Wird die Befragung korrekt auf dem unternehmenseigenen IT-System angezeigt oder führen Sicherheitseinstellungen zu Darstellungsproblemen?

9. Geheimhaltung: Geheimhaltung beinhaltet zwei unterschiedliche Perspektiven. Auf der einen Seite muss die Anonymität der Befragten gewährleistet sein, beispielsweise durch die Definition von mind. 3–5 Personen als unterste Analyseebene. Dabei muss immer auch festgelegt werden, was mit den Ergebnissen in Bezug auf Führungskräfte passiert, da diese oftmals zu personenspezifischen Ergebnissen führen. Bei Führungskräftefeedback oder 360°-Feedback ist das selbstverständlich, doch auch dort und natürlich genauso bei Mitarbeiterbefragungen müssen vorab genaue Regeln festgelegt und kommuniziert werden. Auf der anderen Seite darf Geheimhaltung gerade bei Mitarbeiterbefragungen aber auch bei Führungskräftefeedback und 360°-Feedback aber nicht bei den Ergebnissen gelten, da ansonsten schnell der Eindruck der Geheimniskrämerei entsteht und sowohl Folgeprozesse als auch zukünftige Befragungen blockiert werden. So streng die Geheimhaltung zum Schutz der Befragten erfolgen muss, so konsequent muss die Information und Rückmeldung bzgl. der Ergebnisse erfolgen. Letztlich ist die Zielsetzung jedes Feedbackinstruments ein Dialog, der naheliegenderweise nur dann möglich ist, wenn ich auch als Mitarbeiter Einblick in die entsprechenden Ergebnisse habe und nicht lediglich eine einseitige Kurzzusammenfassung – oder im schlimmsten Fall gar nichts – nach der Befragung zu hören oder sehen bekomme. Mitarbeiterzeitungen, Intranets, Abteilungssitzungen, Vollversammlungen und viele andere Kanäle bieten schließlich umfangreiche Möglichkeiten der unternehmensinternen Kommunikation.
10. Realitätsbezug: Gerade bei der Interpretation und Rückmeldung der Ergebnisse sind Realitätsbezug und Ehrlichkeit zentrale Eckpfeiler. Die statistischen Möglichkeiten in Bezug auf die Verzerrung von Ergebnissen sind beinahe unbegrenzt, gerade auch unter Einbeziehung einer selektiven Auswahl von Themen und Fragen, die ursprünglich gestellt wurden. Allerdings haben alle Befragten ein Recht darauf, dass sie die Ergebnisse unverfälscht und dementsprechend mit maximalen Realitätsbezug präsentiert bekommen. Die meisten Mitarbeiter durchschauen eine Verzerrung oder eine selektive Rückmeldung sowieso – und in jedem Fall wird es sich über die Zeit hinweg herumsprechen und im Sinne einer wertschätzenden Feedbackkultur ist erst einmal jegliche Grundlage für längere Zeit zerstört. Wir plädieren deshalb ausdrücklich für eine umfangreiche und transparente Rückmeldung der Ergebnisse, denn gerade bei schwierigen oder vermeintlich negativen Ergebnissen kann darüber eher bei den Mitarbeitern gepunktet werden, als wenn Manipulationsvorwürfe in der Luft liegen.
11. Sinnvolle Vergleiche: Letztlich leben alle Feedbackinstrumente von Vergleichen und damit von Benchmarks mit unterschiedlichen Zielrichtungen, darauf sind wir bereits an mehreren Stellen eingegangen. Dabei ist allerdings

wichtig zu beachten, dass ein Vergleich von Selbst- und Fremdbild, ein zeitlicher Vergleich mit der letzten Befragung, ein Vergleich mit den anderen Führungskräften der Firma oder auch ein Vergleich mit Konkurrenzfirmen nicht automatisch zu einer Veränderung nach der Befragung führt. Letztlich müssen hier in einem nächsten Schritt bei den Folgeprozessen immer tiefergehende Analysen vorangetrieben werden, um die Ursachen und die Stellschrauben für das bessere oder schlechtere oder stagnierende Ergebnis zu identifizieren. Folgeprozesse sind also bei Benchmarks genauso wichtig wie allgemein bei Feedbackprozessen, auch wenn das manchmal vergessen wird. Und auch das beste Ergebnis ist kein Garant für den langfristigen Erfolg, sodass immer eine intensive Auseinandersetzung mit den Ergebnissen erfolgen muss.

12. Systematische Folgeprozesse: Letztlich entscheidet sich der Erfolg von Feedbackinstrumenten anhand systematischer und von vornherein geplanter Folgeprozesse. Das erfordert allerdings ein professionelles Controlling der Maßnahmen und entsprechende Expertise bei der Gestaltung von Folgeprozessen. Weitergedacht bedeuten systematische Folgeprozesse auch, dass ich anhand dieser Folgeprozesse einen Anhaltspunkt für die Wirksamkeit der eingesetzten Feedbackinstrumente bekomme. Das gilt sowohl für 360°-Feedback als auch für Teamdiagnosen und genauso für Mitarbeiterbefragungen. Feedbackinstrumente führen erst dann zu tatsächlichen Veränderungen, wenn sie professionell durchgeführt und professionell nachbereitet werden. Heutzutage sollten gerade bei systematischen Folgeprozessen technische Möglichkeiten der Unterstützung herangezogen werden – sei es mit Hilfe der Befragungssoftware, oder in der bereits existierenden Softwarelandschaft des Unternehmens.

6 Feedbackinstrumente der Zukunft

Feedbackinstrumente der Zukunft müssen vor allem von denjenigen akzeptiert und unterstützt werden, die sie benutzen sollen und die von ihnen profitieren sollen. Das sind insbesondere die Generationen Y und Z, d. h. unterschiedlichste Digital Natives mit verschiedenen Bedürfnissen. Wir halten nicht viel von einer pauschalisierten Verallgemeinerung der Eigenschaften dieser Generationen, und dennoch lassen sich allgemeine Trends feststellen. Feedbackinstrumente wie 360°-Feedback und Mitarbeiterbefragungen werden demnach in Zukunft nur dann funktionieren, wenn sie die Erwartungen und Bedürfnisse der Mitarbeiter und Führungskräfte befriedigen.

6.1 Veränderungen der Arbeitswelt

Wir beginnen allerdings mit einer Darstellung, wie die Zukunft in Firmen aussehen wird. Eine detaillierte Darstellung ist in unterschiedlichen Kapiteln des Buchs „Organisationsentwicklung – Freude am Change" enthalten (Werther und Jacobs 2014). Die Unterscheidung zwischen transaktionalen und transformationalen Organisationen ist hier sehr hilfreich (siehe Tab. 6.1). Zukünftige Organisationen werden dementsprechend transformationale und offene Elemente besitzen, d. h. geringe Hierarchie mit wechselnder Führungsverantwortung, geringe Zentralität und wechselnde Organigramme und Arbeitsformen. Feste Strukturen sind somit weniger alltäglich als flexible Rahmenbedingungen, d. h. Führungsverantwortung und Arbeitsstrukturen sind immer mehr abhängig von den Aufgaben und Kontexten und immer weniger festgeschrieben in Arbeitsplatzbeschreibungen und starren Vorgaben. Umso wichtiger werden demnach kontinuierliche Feedbackschleifen, da die sich ständig ändernden organisationalen Rahmenbedingungen sich gar nicht mehr im 2-Jahres-Turnus einschätzen lassen.

S. Werther, *Einführung in Feedbackinstrumente in Organisationen,* essentials
DOI 10.1007/978-3-658-10497-9_6

Tab. 6.1 Merkmale von „transaktionalen" und „transformationalen" Organisationsformen. (Heidbrink und Jenewein 2011, S. 57 f.)

	„Transaktionale" Organisationsform (d. h. geschlossene Organisation)	„Transformationale" Organisationsform (d. h. offene Organisation)
Hierarchie	Es existieren klare Hierarchien mit eindeutigen Berichtswegen und Zuständigkeiten (aufgabenunabhängig)	Nach innen gibt es keine Hierarchie, sondern wechselnde Führungsverantwortung ohne fest definierte Berichtswege
Bedeutung der Zentrale	Umfangreiche Steuerungs- und Kontrollrechte, sodass die Intelligenz der zentralen Steuerungsinstanzen im Mittelpunkt steht	Nutzung der Intelligenz des Kollektivs steht im Mittelpunkt. Jede Organisationseinheit soll einen eigenständigen Beitrag leisten
Organigramme	Organigramme, Stellenbeschreibungen und auch Aufgabenprofile sind vorhanden. Die Stabilität der Organisation wächst umso mehr, wenn sie sich von Individuen unabhängig macht	Die Art der Aufgabe bestimmt die jeweilige Arbeitsform. Sowohl Projektarbeit als auch wechselnde Arbeitsteams sind verbreitet. Organigramme und schriftliche Erwartungen stehen im Hintergrund

Vergleichend lässt sich festhalten, dass bei offenen Organisationsformen, wie der gerade dargestellten transformationalen Organisation, die Dichte der Kommunikation und auch die Selbstverantwortung der Mitarbeiter sehr hoch sind (siehe Tab. 6.2). Das geht allerdings mit einer sinkenden Transparenz im Vergleich zu bürokratischen Linienorganisationen einher, sodass kontinuierliches Feedback und Rückkopplungen auch aus dieser Perspektive heraus umso mehr an Bedeutung gewinnen.

Auch die Gestaltung von Karrieren und die Wertschätzung innerhalb des Unternehmens müssen und werden sich weiter verändern. Die Gleichstellung von Experten- vs. Projektleiter- vs. Führungslaufbahn in Unternehmen wird sich etablieren. Das geschieht alleine aus der Notwendigkeit heraus, dass unterschiedliche Mitarbeiter zu unterschiedlichen Zeitpunkten zwischen Fach- und Führungsrollen wechseln werden, wie es beispielsweise bei Modellen geteilter Führung der Fall ist (Werther und Brodbeck 2014). Dabei stellt sich also nicht mehr die Frage, ob in Unternehmen eine der Führungslaufbahn gleichgestellte Laufbahn für fachliche Experten notwendig ist, sondern vielmehr die Frage danach, wie diese Laufbahn bestmöglich in Unternehmen eingeführt und integriert werden kann.

Diese Perspektive auf die Gestaltung von Karrierewegen in Unternehmen wird bereits 1996 von John P. Kotter in seiner Darstellung der Organisation des 21. Jahrhunderts deutlich, wie sie in Tab. 6.3 dargestellt ist. Momentan sind im Jahr

Tab. 6.2 Unterschiedliche Organisationsformen im Vergleich

	Bürokratische Linienorganisation	Matrix- und Projektorganisation	Offene Organisationsformen
Hierarchie	Hoch	Mittel	Gering
Fähigkeit zur Veränderung	Gering	Mittel	Hoch
Zentralität	Hoch	Mittel	Gering
Projektfokus	Gering	Hoch	Hoch
Komplexität	Hoch	Mittel	Mittel
Dichte der Kommunikation	Gering	Hoch	Hoch
Selbstverantwortung der Mitarbeiter	Gering	Mittel	Hoch
Transparenz	Hoch	Mittel	Mittel

Tab. 6.3 Zukunftsfähige Organisationen nach John P. Kotter. (Kotter 1996, S. 172)

Organisation des 20. Jahrhunderts	Organisation des 21. Jahrhunderts
Struktur	
• Bürokratisch • Zahlreiche Ebenen • Regeln und Prozesse resultieren in komplizierten internen Abhängigkeiten	• Unbürokratisch • Limitiert auf wenige Ebenen • Regeln und Prozesse resultieren in minimalen internen Abhängigkeiten, um Kunden zu bedienen
Systeme	
• Abhängig von wenigen Leistungsindikatoren • Verteilung der Kennzahlen lediglich an das Senior Management • Training und Unterstützungssysteme werden lediglich dem Senior Management angeboten	• Abhängig von zahlreichen Leistungsindikatoren (insbesondere bzgl. Kunden) • Verteilung der Kennzahlen auf breiter Basis • Training und Unterstützungssysteme werden vielen Ebenen angeboten
Kultur	
• Nach innen gerichtet • Zentralisiert • Langsame Entscheidungen • Politisch • Vermeidend gegenüber Risiken	• Nach außen gerichtet • Befähigend • Schnelle Entscheidungen • Offen und ehrlich • Tolerant gegenüber Risiken

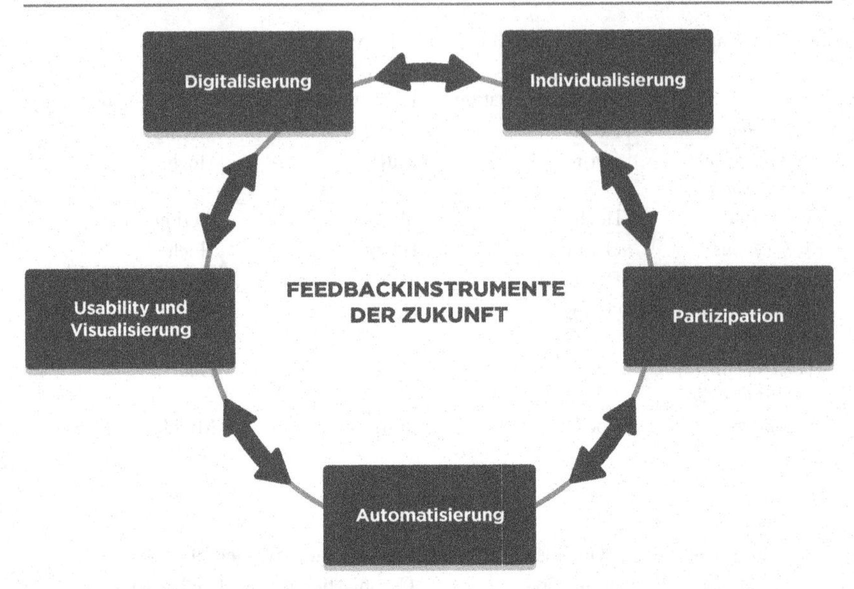

Abb. 6.1 Charakteristika von Feedbackinstrumenten der Zukunft

2015 noch viele Organisationen weit von der hier skizzierten Organisation des 21. Jahrhunderts entfernt, aber schließlich hat das 21. Jahrhundert auch erst begonnen. Gerade die Aspekte des Trainings und der Unterstützungssysteme für unterschiedliche Ebenen und die Verteilung der Kennzahlen der Organisation auf breiter Basis spricht für ganz neue Anforderungen an Feedbacksysteme in Organisationen. Eine befähigende Kultur mit den Werten Offenheit und Ehrlichkeit wird unterstützt durch eine echte Feedbackkultur und ermöglicht diese überhaupt erst langfristig.

6.2 Auswirkungen auf Feedbackinstrumente

Nach dieser kurzen Darstellung der Zukunft von Organisationen und der bereits vorhandenen oder noch bevorstehenden Transformationen der Arbeitswelt möchten wir uns den Konsequenzen für Feedbackinstrumente widmen. Die in Abb. 6.1 dargestellten Eckpunkte stehen dabei in Wechselwirkung zueinander und sind wichtig für die Zukunft der Feedbackinstrumente.

In Bezug auf **Digitalisierung** lässt sich unschwer feststellen, dass digitale Prozesse Einzug in Unternehmen gehalten haben. Überraschend ist allerdings in Bezug auf Feedbackinstrumente, dass die Potenziale und Möglichkeiten der Digitalisierung noch nicht annähernd ausgeschöpft werden. Gerade die Nutzung unterschiedlicher Plattformen und Endgeräte wird momentan noch größtenteils vernachlässigt, obwohl die mobile Internetnutzung mit Smartphones und Tablets privat und geschäftlich immer weiter zunimmt. Darüber hinaus verändert sich dadurch das Nutzungsverhalten, sodass dieser Veränderung auch der Einsatz von Feedbackinstrumenten Rechnung tragen muss. Anstatt eines umfangreichen 360°-Feedbacks alle zwei Jahre können ohne größere Kosten vier kleinere 360°-Feedbacks im Abstand von sechs Monaten angewendet werden. Anstatt oder zusätzlich zu einer großen Mitarbeiterbefragung alle 2–3 Jahre können ohne größere Kosten kleine Befragungen alle 3–6 Monate durchgeführt werden, beispielsweise mit einem klaren Themenschwerpunkt zu jedem Befragungszeitpunkt.

Individualisierung ist gerade durch die technologischen Freiheiten schneller und kostengünstiger umsetzbar, was sich auch im Einsatz von Feedbackinstrumenten widerspiegeln sollte. Wieso bekommt eine Führungskraft, die bereits zum fünften Mal ein 360°-Feedback erhalten hat, genau die gleichen Inhalte und einen identischen Ergebnisbericht wie eine Führungskraft, die gerade erst seit sechs Monaten Führungsverantwortung hat? Wieso kann die Führungskraft nicht gemeinsam mit ihrem Coach oder auch alleine entscheiden, welche Inhalte gerade besonders relevant sind und wie der Bericht besonders hilfreich ist? In Zeiten der Individualisierung von konkreten Produkten und digitalen Leistungen ist es undenkbar, dass Feedbackinstrumente weiterhin nach dem Gießkannenprinzip in Unternehmen eingesetzt werden. Mitarbeiter und Führungskräfte müssen und sollen hier mehr in die Verantwortung genommen werden, um hilfreiche Inhalte zum richtigen Zeitpunkt zu ermöglichen und damit tatsächliche Veränderungen zu erleichtern.

Auch bei **Partizipation** müssen Feedbackinstrumente grundlegend neu gedacht werden. Mitbestimmung von Mitarbeitern und Führungskräften auf Augenhöhe erfordert neue Prozesse und neue Instrumente des Feedbacks. Gerade bei Mitarbeiterbefragungen wird der Erfolg in Zukunft umso mehr damit stehen und fallen, dass die Mitarbeiter nicht lediglich einmalig einen Fragebogen ausfüllen und möglicherweise eine grobe Zusammenfassung der Ergebnisse erhalten. Es geht vielmehr um echte Veränderung, wozu Partizipation zwingend erforderlich ist. Soziale Netzwerke lassen jüngere Generationen heute erleben, wie Kommunikation und Partizipation zeitgemäß ablaufen können – in Unternehmen wird allerdings an vielen Stellen noch ganz anders gehandelt. Wenn diese Diskrepanz nicht abgebaut werden kann, dann werden auch Feedbackinstrumente nicht langfristig akzeptiert und erfolgreich eingesetzt werden.

Durch konsequente **Automatisierung** lassen sich Feedbackinstrumente zeit- und kostensparender einsetzen. Auch bei Mitarbeiterbefragungen ist eine hohe Automatisierung möglich, wobei umfangreiche statistische Auswertungen für Management Reports weiterhin Handarbeit notwendig machen. Genauso verhält es sich bei qualitativen Antworten, die noch nicht in zufriedenstellender Qualität automatisiert ausgewertet und geclustert werden können. Doch in den allermeisten Fällen ist eine sehr hohe Automatisierung bei Feedbackinstrumenten möglich, sodass die Ergebnisse ohne Zeitverzögerung zur Verfügung stehen und entsprechende Kosteneinsparungen möglich sind. Gerade auch die Individualisierung bei der Durchführung und Auswertung wird dadurch unterstützt, da flexible Softwaresysteme dem Nutzer hier großen Spielraum lassen, ohne dass technische Anpassungen der Software notwendig werden.

Usability und Visualisierung hängen auf den ersten Blick nicht mit Feedbackinstrumenten in Organisationen zusammen. Businessanwendungen müssen allerdings immer mehr dem Verlangen nach intuitiver Usability und professioneller Visualisierung gerecht werden, das durch die häufige Nutzung von Onlineanwendungen im privaten Umfeld entstanden ist. Standard-Graphen im Excel-Stil und komplizierte Benutzeroberflächen werden übersichtlichen und intuitiven Lösungen weichen, die ohne große Schulungen und Handbücher verwendbar sind. User Experience Design ist hier ein zentrales Schlagwort, das in Zukunft bei jeglichen digitalisierten Businessanwendungen wichtig ist: Der Benutzer muss ein positives Erlebnis mit der Software verbinden, ansonsten wird er sie mittel- bis langfristig schlicht und ergreifend nicht mehr nutzen. Sicherlich kann nicht jede Software Spaß machen, aber dennoch müssen Barrieren und Hürden und Fallstricke vermieden werden, um zumindest eine möglichst frustrationsfreie Nutzung zu ermöglichen. Gerade die Akzeptanz von Feedback und die Wirksamkeit von Folgeprozessen hängt schließlich davon ab, wie die Rückmeldung gestaltet und begleitet wird – sowohl aus technologischer Softwareperspektive als auch aus menschlicher Coachingperspektive.

Die obenstehenden Eckpunkte können in folgende Anwendungsszenarien von Feedbackinstrumenten in Unternehmen resultieren, wie sie in einigen Jahren selbstverständlich werden könnten und in manchen Unternehmen bereits heute Alltag sind:

- Eine mittelständische Firma mit 200 Mitarbeitern und einem Standort in Deutschland sowie einem Standort in Asien und den USA überlässt den eigenen Mitarbeitern und Führungskräften selbstgesteuert die Initiierung von Feedbacks. Mittels einer durch jeden Mitarbeiter intuitiv bedienbaren Feedbacksoftware können je nach Anlass und Bedürfnis kleinere oder größere Feedbacks, beispielsweise 360°-Feedbacks oder Abteilungsbefragungen, gestartet werden. Die Ergebnisse stehen automatisiert in anonymisierter Form nach Abschluss der Befragung zur Verfügung und werden auch direkt online allen Teilnehmern verfügbar gemacht.

- In einer Firma mit 800 Mitarbeitern werden Feedbackinstrumente mit unterschiedlichen thematischen Schwerpunkten (z. B. Gesundheit, Kooperation, Innovation) und unterschiedlichen Foki (z. B. Mitarbeiter, Führungskraft, Projektgruppe, Abteilung, gesamte Firma) eingesetzt. Trotz jahrelangen Einsatzes der Feedbackinstrumente ist die Motivation und Leidenschaft der Mitarbeiter immer noch sehr hoch. Das hängt vor allem auch damit zusammen, dass es sich nicht um Standardinstrumente mit vorgegebenen Inhalten und festen Reports handelt, sondern dass vor und nach der Befragung umfangreiche Anpassungsmöglichkeiten vorhanden sind. Der Ergebnisbericht kann beispielsweise direkt auf einem Tablet gemeinsam mit einem Coach interaktiv angepasst und umstrukturiert werden, um die individuelle Situation jedes Mitarbeiters zu berücksichtigen.
- Eine Organisation der öffentlichen Verwaltung mit 5000 Mitarbeitern an einem Standort hat über mehrere Jahre eine Feedbacklandschaft entwickelt, die sowohl von Führungskräften als auch von Mitarbeitern zur persönlichen Weiterentwicklung genutzt werden kann. Dabei stehen differenzierte Instrumente zur Verfügung, beispielsweise Feedback für höhere Führungskräfte oder Teamfeedbacks für neue Abteilungen und für bereits langjährig bestehende Abteilungen.
- In einem Großkonzern mit 10.000 Mitarbeitern mit Standorten auf allen Kontinenten werden von der Personalabteilung alle drei Monate Pulsbefragungen mit einem inhaltlichen Schwerpunktthema durchgeführt. Diese Pulsbefragungen sind kompakt und werden dennoch nach dem Abschluss und nach der automatisierten Auswertung immer in Folgeprozesse überführt. Alle Mitarbeiter können die Folgeprozesse einsehen und die Kommunikation diesbezüglich erfolgt neben einem unternehmensinternen Blog auch über die Mitarbeiterzeitung.

Feedback wird in der Zukunft noch selbstverständlicherer Bestandteil der alltäglichen Zusammenarbeit sein. Das bedeutet aber auch, dass die Unternehmensleitung und auch die Personalabteilungen etwas Verantwortung an die Mitarbeiter und Führungskräfte abgeben müssen, um individuelle und zielgerichtete Feedbackprozesse zu ermöglichen. Der Einsatz von Feedbackinstrumenten nach dem Gießkannenprinzip wird auch deshalb nicht mehr funktionieren, weil durch die voranschreitende Digitalisierung zahlreiche Prozesse in Unternehmen neu gedacht und neu konzipiert werden müssen – Feedbackprozesse explizit eingeschlossen. Es ist somit nicht nur eine kleine Weiterentwicklung vorhandener Systeme notwendig, sondern es geht um ein grundlegendes Umdenken und eine kleine Revolution, wie Zusammenarbeit und Feedback in Unternehmen gestaltet wird. Die zunehmend in Unternehmen ankommenden Digital Natives können ansonsten nur über die langwierigen und unflexiblen sowie wenig „treffsicheren“ Feedbackprozesse der alten Generation lachen…

Fazit

Zusammenfassend lässt sich festhalten, dass Feedbackinstrumente bereits jetzt häufig und an vielen Stellen erfolgreich in Organisationen eingesetzt werden. Insbesondere zur Erhöhung der Motivation und Zufriedenheit der Mitarbeiter sowie zu einer damit zusammenhängenden Leistung spielen sie eine große Rolle. Umso wichtiger werden sie auch immer mehr für die Fundierung strategischer Entscheidungen.

Wir sind dementsprechend davon überzeugt, dass alle Feedbackinstrumente in der Zukunft noch mehr an Bedeutung gewinnen werden. Dennoch werden sie sich an vielen Stellen grundlegend verändern, um den veränderten Anforderungen und Erwartungen von Mitarbeitern, Führungskräften und Unternehmensleitung gerecht zu werden. Wenn Digitalisierung, Individualisierung, Automatisierung, Partizipation und Usability und Visualisierung in Zukunft nicht angemessen berücksichtigt werden, dann wird die Akzeptanz der Feedbackinstrumente und damit auch die Aussagekraft der Ergebnisse sehr darunter leiden.

S. Werther, *Einführung in Feedbackinstrumente in Organisationen,* essentials,
DOI 10.1007/978-3-658-10497-9

Was Sie aus diesem Essential mitnehmen können

- Feedbackinstrumente wie 360°-Feedback und Mitarbeiterbefragungen sind weitverbreitete und gängige Maßnahmen der Personal- und Organisationsentwicklung in Organisationen unterschiedlicher Größe.
- Durch Feedbackinstrumente kann eine Feedbackkultur in Organisationen gestaltet werden, die Offenheit und Fehlertoleranz unterstützt und langfristig die Motivation, Zufriedenheit und Leistung der Mitarbeiter erhöht.
- Der erfolgreiche Einsatz unterschiedlichster Feedbackinstrumente kann von vornherein beeinflusst werden, beispielsweise durch durchgehende Anonymität und Datenschutz.
- Zukunftsfähige Feedbackinstrumente müssen insbesondere in Bezug auf Digitalisierung, Individualisierung Automatisierung, Partizipation und Usability und Visualisierung neuen Ansprüchen gerecht werden.

S. Werther, *Einführung in Feedbackinstrumente in Organisationen,* essentials,
DOI 10.1007/978-3-658-10497-9

Literatur

Bersin J, Agarwal D, Pelster B, Schwartz J (2015) Global human capital trends 2015. Deloitte University Press, London

Borg I (2003) Führungsinstrument Mitarbeiterbefragung. Hogrefe, Göttingen

Bungard W (2005) Feedback in Organisationen: Stellenwert, Instrumente und Erfolgsfaktoren. In: Jöns I (Hrsg) Feedbackinstrumente im Unternehmen – Grundlagen, Gestaltungshinweise, Erfahrungsberichte. Gabler, Wiesbaden, S 7–28

Bungard W, Niethammer C, Müller K (2007) Mitarbeiterbefragung – was dann…? MAB und Folgeprozesse erfolgreich gestalten. Springer, Heidelberg

Domsch ME, Ladwig DH (2006) Handbuch Mitarbeiterbefragung. Springer, Heidelberg

Ewen AJ, Edwards MR (2001) Readiness for multisource feedback. In: Bracken DW, Timmreck CW, Church AH (Hrsg) The handbook of multisource feedback. Jossey-Bass, San Francisco, S 33–47

Festinger L (1954) A theory of social comparison processes. Hum Relat 7:117–140

Gerpott TJ (2006) 360-Grad-Feedback-Verfahren als spezielle Variante der Mitarbeiterbefragung. In: Domsch ME, Ladwig DH (Hrsg) Handbuch Mitarbeiterbefragung. Springer, Heidelberg, S 211–245

Gerrig RJ (2015) Psychologie. Pearson, Hallbergmoos

Goffmann E (1959) The presentation of self in everyday life. Doubleday & Company, New York

Grothe M (2014) Personalmarketing für die Generation Internet: Explore – Elaborate – Enable – Establish – Enter. Erich Schmidt, Berlin

Heidbrink M, Jenewein W (2011) High-Performance-Organisationen: Wie Unternehmen eine Hochleistungskultur aufbauen. Schäffer-Poeschel, Stuttgart

Jöns I (2005) Feedbackprozesse in Organisationen: Psychologische Grundmodelle und Forschungsbefunde. In: Jöns I (Hrsg) Feedbackinstrumente im Unternehmen – Grundlagen, Gestaltungshinweise, Erfahrungsberichte. Gabler, Wiesbaden, S 29–44

Kauffeld S (2005) Teamfeedback. In: Jöns I (Hrsg) Feedbackinstrumente im Unternehmen – Grundlagen, Gestaltungshinweise, Erfahrungsberichte. Gabler, Wiesbaden, S 145–160

Kluger AN, DeNisi A (1996) The effects of feedback interventions on performance: a historical review, a meta-analysis, and a preliminary feedback intervention theory. Psychol Bull 119(2):254–284

Kotter JP (1996) Leading change. Harvard Business School Press, Boston

Kotter JP (2009) Das Prinzip Dringlichkeit. Campus, Frankfurt a. M.

S. Werther, *Einführung in Feedbackinstrumente in Organisationen,* essentials,
DOI 10.1007/978-3-658-10497-9

Luft J, Ingham H (1955) The Johari window, a graphic model of interpersonal awareness. In: Proceedings of the western training laboratory in group development. UCLA, Los Angeles

Nagy MS (2002) Using a single-item approach to measure facet job satisfaction. J Occup Organ Psychol 75(1):77–86

Parment A (2013) Die Generation Y: Mitarbeiter der Zukunft motivieren, integrieren, führen. Springer Gabler, Wiesbaden

Rohrschneier U, Friedrichs S, Lorenz M (2010) Erfolgsfaktor Potenzialanalyse – Aktuelles Praxiswissen zu Methoden und Umsetzung in der modernen Personalentwicklung. Springer Gabler, Wiesbaden

Sackmann S (2002) Unternehmenskultur Analysieren – Entwickeln – Verändern. Luchterhand, München

Scharmer CO (2009) Theory U: leading from the futures as it emerges. Berrett-Koehler, San Francisco

Scherm M, Sarges W (2002) 360°-Feedback. Hogrefe, Göttingen

Scholz C, Sattelberger T (2012) Human capital reporting. Franz Vahlen, München

Senge P (1996) Die fünfte Disziplin. Kunst und Praxis der lernenden Organisation. Klett-Cotta, Stuttgart

Stephany U, Gutzan S, Schultz-Gambard J (2012) Wenn die Großen fragen. Personalwirtschaft 5:64–66

Von Hornstein E, Spörrle M (2014) Aufwärtsfeedback in Unternehmen – Rahmenbedingungen, Wirkmechanismen und praktische Implementation. In: Ditton H, Müller A (Hrsg) Feedback und Rückmeldungen. Waxmann, Münster, S 213–225

Werther S, Brodbeck FC (2014) Geteilte Führung als Führungsmodell: Merkmale erfolgreicher Führungskräfte. PERSONALquarterly 1:22–27

Werther S, Jacobs C (2014) Organisationsentwicklung – Freude am Change. Springer VS, Heidelberg

Printed in the United States
By Bookmasters